新中等教育原理
― 改訂版 ―

Masaharu Sasaki
佐々木正治
［編著］

［著］
山田浩之
岡谷英明
山岸知幸
田代高章
上寺康司
伊藤一統
矢藤誠慈郎
松原勝敏
赤木恒雄
高橋正司
堀田哲一郎
大矢一人

福村出版

[JCOPY]〈出版者著作権管理機構 委託出版物〉
本書の無断複写は著作権法上での例外を除き禁じられています．複写される場合は，そのつど事前に，出版者著作権管理機構（電話 03-5244-5088，FAX 03-5244-5089, e-mail: info@jcopy.or.jp）の許諾を得てください．

はじめに

　教育は文化の伝達・創造という重要な機能を果たしている。ところが，今日の知識基盤社会では，知識文化そのものが激しく変動している。活字文化が電子情報文化に転化し，バルネラビリティ（vulnerability，傷つきやすいという情報の特性）の度合いを強めているからである。せっかく骨折って身につけた知識が情報となって片っ端から砂上の楼閣のように崩れていく。シシュフォス（Sisyphos）の徒労を強いられ，活字文化をベースとする基礎学力さえ喪失している青年たち。情報化は，あらゆる青年に平等に情報アクセスの機会を与えるという光の部分だけでなく，有害情報や直接体験の欠如といった影をももたらす。
　こうした中で，自らの在り方，生き方に直結する進路選択，ひいては就職か進学かという選択のクライシスに直面し，的確な知識情報を切実に求めている青年は少なくないであろう。ところが知識情報自体が変動し，アイデンティティ喪失の危機に見舞われている者さえ出現している。こうした状況に中等教育は原理的にいかに対応すべきであろうか。
　このような問題意識から本書では，まず今日の中等教育は，映像情報が文字情報を上回る中で，どのような課題を抱えているのかを見極め（1章），それらに原理的に対応していくために文化の伝達・創造の機能を担ってきた教育とは本質的に何かを問い，中等教育は何をねらい（2章），それを達成するための教育内容と，その改善にかかわる中等教育の課題を示し（3章），中等教育の方法については受験知を超える探究的な学びや共同（協同）学習の必要性を説き（4章），ついで中高生の生活集団としての学級・ホームルームにふれ（5章），「生徒に夢や希望を与える」ような自己指導能力や社会性を育てる生徒指導の在り方を突き止め（6章），特別活動や部活動に今日の中高生の環境適応力の弱さを克服する鍵を見出し（7章），これらもろもろの教育活動を全体的にサポートする中等教育の経営においては校長のリーダーシップの強化や自律的な経営が求められている（8章）とし，これら学校経営の外的事項としての中等教育の制度的特徴と今日的全体像をとらえ（9章），これまでみてきた学

校教育と社会教育の双方にかかわる生涯学習にもふれ（10章），これらの諸事象に教育行政としていかにかかわっていくべきかを問う国および地方の教育行政，ひいては教育内容行政としての教育課程行政や教科書行政にまで説きおよんでいる（11章）。さて，以上のような中等教育の原理的理解が深まっていくと，自ずから中等教師になるにはどうしたらよいのかという問題に関心が向けられるであろう。そこで，どのような採用方法や職務が待ち受けているのかについて具体的にふれ（12章），最後には中等教師は，これまでどのような歩みを重ね，これからどこへ向かっていくのか，「今と未来を見据える目」で進むべき道筋に光を当てて締めくくりとしている（13章）。

このような意図で『新中等教育原理』は刊行されたが，初版発行以来，すでに幾星霜。その間，少子高齢化，高度情報化，グローバル化が進み，激変する社会に向けてどう生きるか，新たな生き方，ひいては主体的に生きる力が求められている。

こうした事態に教育行政もさまざまな施策を講じ，対応に余念がない。2015（平成27）年12月の中央教育審議会答申「新しい時代の教育や地方創生の実現に向けた学校と地域の連携・協働の在り方と今後の推進方策について」を受け，地域学校協働活動を推進するために社会教育法が改正された（2017〈平成29〉年）。2016（平成28）年12月には「幼稚園，小学校，中学校，高等学校及び特別支援学校の学習指導要領等の改善及び必要な方策等について」の中央教育審議会の答申が出され，それを受けて「中学校学習指導要領」（2017〈平成29〉年3月）や「高等学校学習指導要領」（2018〈平成30〉年3月）が告示された。

これらの中で中等教育原理にかかわる事項を考慮して本書の部分的な改訂に踏み切った。刷新された本書がさらに読み継がれていくよう祈念してやまない。なお，本書の出版にあたって執筆を快く引き受けてくださった諸先生，そして出版に際して終始一方ならぬお世話をしていただいた福村出版編集部には，ここに付記して深く感謝の意を表したい。

2019（令和元）年7月

編著者　佐々木正治

目　次

はじめに　3

1章　中等教育の現代的課題 9
1　消えた不良　9
2　学校から離れる青少年——青年期の教育問題　10
3　青年像の転換　17

2章　教育の本質と中等教育の目的 21
1　教育の本質　21
2　中等教育の目的　29

3章　中等教育の内容 35
1　教育の内容と教育課程　35
2　カリキュラム改革の歴史　37
3　カリキュラムの編成と類型　40
4　学習指導要領と教育課程　42
5　教育の内容と教育課程改革にかかわる今後の課題　48

4章　中等教育の方法 51
1　教育方法の歴史　51
2　教育方法の類型と特質　55
3　授業の構造と指導原則　59
4　教育方法改革の動向と特質　61
5　これからの教育方法の課題　65

5章　学級・ホームルーム経営　67

1　学級・ホームルームとは　67
2　学級・ホームルームの経営　69
3　学級・ホームルーム経営の実践　70
4　学級・ホームルームの集団経営と環境経営　75
5　学級・ホームルーム経営の評価と改善　78

6章　生徒指導とキャリア教育　81

1　生徒指導とは　81
2　生徒指導の展開　85
3　生徒指導の体制　90
4　進路指導とキャリア教育　91
5　生徒指導と進路指導の課題　96

7章　特別活動と部活動　98

1　特別活動とは　98
2　特別活動の目標と内容　100
3　より良き特別活動の指導のために　105
4　部活動の位置づけと意義　108
5　特別活動・部活動の充実をめざして　111

8章　中等教育の経営　114

1　中等教育の学校経営　114
2　中等教育の学校の組織と運営　117
3　中等教育の学校経営の過程　121
4　校長のリーダーシップ　123

9章　中等教育の制度　127

1　中等教育制度の歴史的発展過程　127

2　欧米主要国の中等教育の制度　129
　　　3　わが国における中等教育の制度　134

10章　生涯学習と社会教育 …………………………………………………… 141
　　　1　生涯学習　141
　　　2　社会教育　148

11章　教育行政と教育内容行政 ……………………………………………… 155
　　　1　教育行政の基本原理　155
　　　2　国の教育行政機構　158
　　　3　地方の教育行政機構　161
　　　4　教育課程行政　164
　　　5　教科書行政　167

12章　中等教員の採用と職務 ………………………………………………… 172
　　　1　採用　172
　　　2　職務内容　178

13章　これからの中等教師 …………………………………………………… 181
　　　1　教師論の変遷からみる教師のもつべき資質　181
　　　2　教師の専門性　184
　　　3　これからの教師　188
　　　4　中等学校の教師とは　190

人名索引　195
事項索引　196

1章

中等教育の現代的課題

1 │ 消えた不良

a．メディアの中の不良

　1970年代までのテレビドラマやマンガには，決まって「不良」が出てきていた。あるときは，主人公に絡む悪役として，またあるときは，義侠心(ぎきょうしん)に厚いヒーローとして不良は描かれていた。とくに学校を舞台とした物語では，番長を中心に固い絆(きずな)で結ばれた不良たちの友情が生き生きと描かれていた。そうした不良の世界は，勉強に打ち込み，有名校への進学をめざす優等生の世界とは，また別のものとして存在していた。つまり，番長がいた時代は，不良たちもたしかに学校の中に居場所をもっていた。

　現在も青年漫画誌を中心に不良が描かれ，映画やテレビドラマにも数多くの不良が表れている。2018年には1990年代の不良マンガ『今日から俺は!!』（原作：西森博之）がドラマ化されて大きな話題となった。メディアの中では，今も不良たちが息づいており，物語の中心となっている。

b．普通の子による犯罪

　しかし，現実世界に目を移すとどうだろう。かつてのような学ラン，「長ラン」や「短ラン」は見られなくなり，その一方で不良の代名詞でもあった脱色した髪は，今やごく一般的なものになってしまった。いまや不良は「普通の子」と区別できなくなってしまった。

　さらに近年の少年犯罪の報道で頻繁に耳にするのが，「普通の子の犯罪」という言葉である。「こんな普通の子がなぜ犯罪に手を染めるのか」「そんな悪い

ことをするようには見えなかった」など，「普通の子」が思いもかけないような凶悪犯罪に手を染めるとされる。犯罪も不良から「普通の子」に広がり，普遍化したといえるのかもしれない。

　しかし，こうした犯罪を行う少年たちは，本当に「普通の子」といえるのだろうか。「普通の子」という言葉が使われるとき，その対極として想定されているのが「不良」である。こうした言説が想定しているのは，「不良ならば犯罪を行ってもおかしくない」という考え方である。

　ところが，そこで想定されているはずの「不良」はすでにいなくなってしまった。「普通の子」と「不良」の境界線は消え去り，これまでメディアを賑わし続けてきた不良たちは，まさに現実社会から消え去ってしまったのではないだろうか。

　こうした変化は「不良」だけではない。かつての青少年と，青少年をとりまく環境は，近年になって大きく変化している。しかも，そうした変化は私たちが気づかない間に進行している。それでは，いかなる変化が生じ，それが青少年や教育，あるいは社会全体にどのような影響を与えているのだろうか。以下では，青少年をめぐる教育問題を概観しながら，近年の青少年の変化と，その現状について検討しよう。

2 ｜ 学校から離れる青少年 —— 青年期の教育問題

a. 少年犯罪は増加しているか？

　2000年ごろ，少年法改正により処罰される年齢の低下などが求められるようになった。その際の根拠は，当時の少年犯罪の増加とその凶悪化であった。

　たしかに，当時は少年による凶悪事件が頻発していた。1997年に中学2年生が小学生を猟奇的に殺害した酒鬼薔薇事件をはじめ，インターネットへの犯行予告が話題となった佐賀バスジャック事件など，さまざまな少年犯罪がメディアを賑わせた。また，高校生，中学生ばかりでなく，小学生までもが殺人事件などを起こし，犯罪の低年齢化が憂慮されていた。

　しかし，当時，本当に少年犯罪は増加していたのだろうか。また，現在，少

年犯罪は増加しているのだろうか。

　こうした少年犯罪の状況については，当時，さかんに議論された。その議論では，少年法改正賛成派によって少年犯罪が増加したと主張される一方で[1]，反対派は減少，もしくは停滞していると主張していた[2]。両者がともに犯罪統計など実証的データを示していたにもかかわらず，その議論は平行線をたどることになった。

b. 少年犯罪の推移

　それでは，実際に少年犯罪が増加していたかどうかを統計データにより確認してみよう。図1－1は1946年から2017年まで，少年のうち刑法犯として検挙されたものの人数，およびその人口比を示したものである。この図の人口比とは，人口10万人あたりの検挙者数を示している。

　このグラフからわかるように，少年による犯罪は1980年代の初めごろをピークとし，その後，1990年代にかけて大きく減少していた。それが1990年代の

図1－1　少年の検挙者数，および検挙者人口比の推移

法務省『犯罪白書（平成30年度版）』により作成。人口比は10万人あたりの検挙者数（図1－2も同様である）。

終わりに再び増加に転じたが，2000年代の半ばには再び減少している。

1980年代の初めには，後で述べるように校内暴力が教育問題として大きく取り上げられていた。しかし，こうした統計をみれば，校内暴力は学校だけにとどまらず青少年全体の荒れとして位置づけられるものだったのかもしれない。とはいえ，その後少年犯罪は増減を繰り返しながらも現在まで減少傾向にあることがわかろう。

それでは，殺人・強盗などの凶悪犯罪はどのように推移していたのだろうか。2000年ごろの少年法改正の議論では，とくに凶悪犯罪の増加が問題視された。少年犯罪の数は減っていても，犯罪が凶悪化していると主張されていた。

図1－2は同様に1946年から2017年の少年による殺人と強盗の件数を人口比で示したものである。殺人による検挙者の人口比は1950年代に非常に多かったものの，以後，低下し1980年以降は，ほぼ横ばいとなっている。その一方で，強盗は殺人と同様1950年代から低下していたものの，1990年代の半ばから急増している。しかし，2000年代の半ばまでには再び急減している。

このように少年犯罪は一貫して増加しているわけでも，減少しているわけでもない。むしろ，増減を繰り返し，またそれは犯罪の内容によっても異なって

図1－2　少年の殺人・強盗による検挙者数の人口比の推移

いることがわかろう。とはいえ，おおむね減少傾向にあることは否めない。少年犯罪は増加しており，その対策を緊急にとるべきと，不必要に騒ぎ立てる必要はないことになる。

メディアなどで煽られる少年犯罪の低年齢化や凶悪化は，多くの場合，モラル・パニックにすぎない。モラル・パニックとは，社会の秩序を脅かすと考えられるものに対して，その真偽にかかわらずいっせいに非難や批判が浴びせられることをいう。中世の魔女狩りはその一例である。つまり，少年犯罪の低年齢化や凶悪化も，必ずしも現実に生じているわけではない。しかし，メディアなどでセンセーショナルに語られると，人々はそれを信じ，不必要な対策をとろうとする。それが厳罰化や少年法の対象年齢引き下げなどといった主張につながることになる。こうしたメディアなどでの報道に対し過剰に反応せず，冷静に対応することが求められよう。

c. 校内暴力の増加

このように社会的にみれば少年による犯罪は減少傾向にある。しかし，学校の中に目を移すと，状況は深刻である。校内暴力はいっこうに衰えず，むしろ

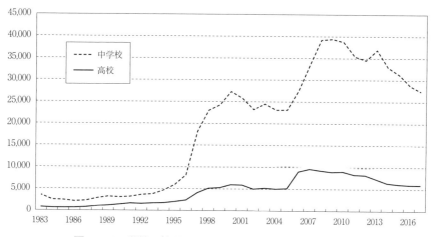

図1－3　学校の管理下における暴力行為発生件数の推移

平成29年度「児童生徒の問題行動等生徒指導上の諸問題に関する調査」による。
1996（平成8）年までは，公立中・高等学校を対象として「校内暴力」の状況について調査し，1997（平成9）年度からは，調査方法を改め，また2006年度からは国立学校，私立学校も調査対象に含まれる。

近年になってその発生件数は大きく増加している。

図1-3は学校内における暴力行為発生件数の推移を示したものである。調査方法が途中で変わっているため、単純に比較することはできないが、それでも1990年代の終わり、また、2000年代の半ばに急増していることがわかるだろう。

校内暴力は1980年代の初頭に大きな社会問題となった。メディアでの報道やテレビドラマなどの影響もあり、いわばブームのような形で全国に広まった。そうした校内暴力に対し、各学校は管理主義、すなわち厳しく、細かい校則や厳格な生徒指導などによって対処した。当時の中学校、高等学校の校則は頭髪の長さやスカート、ズボンの長さ、ベルトの幅まで必要以上に細かく規定したものであった。また、生徒指導では登校時の校門指導の他、中には竹刀をもって校内を巡視する教員までいたという。こうした管理主義教育の徹底により、1980年代の半ばには校内暴力は沈静化したとされる。

しかし、現在までの統計をみると、1980年代の校内暴力は、その後の水準からみればごくわずかにすぎず、1990年代以降、さらに校内暴力は増加している。現在のところ、メディアを騒がせるほどの大きな教育問題とはなっていないものの、状況は深刻であることがわかろう。

d. 学校の権威の喪失

それでは、少年犯罪は減少傾向にあるのに、なぜ学校内での暴力は増加しているのだろうか。

その原因の1つは、学校の、そして教師の権威の喪失であろう。1970年代まで、学校は非常に強い権威をもち、また地域の人々からの信頼も厚かった。この時期までの学校は「民主的で進歩的な社会や家庭を作るための〈啓蒙の装置〉」であり、「経済的貧困や文化的落差の存在を前提にして、学校は地域や親の基本的な信頼を調達できていた」[3]とされる。つまり、多くの人々は、学校に通い、教師の指導のもとに学ぶことで生活が改善されると信じていた。高度経済成長を背景に、学校こそが高い地位達成をもたらすものと考えられ、高校、大学へと進学すれば、卒業後の社会的地位も保障されると人々は考えていた。このことは逆に、望むような地位達成ができないことは、上位校への進学ができなかっ

たがゆえであり，進学の障壁となる貧困や周囲の理解のなさが問題とされた。

このように学校に対する信頼が厚いからこそ，それに反発する者が現れる。それが不良であった。不良たちは制服を改造し，髪を染めることで反学校文化を表現していたのである。逆説的ではあるが，こうした状況では，むしろ校内暴力の発生件数は抑えられることになる。学校は対抗するだけの価値と重みがあり，それゆえに教師に対して簡単に暴力をふるうことができなかった。当時の不良たちは，学校に反発しながらも，学校を尊重していたのである。

しかし，学校の権威の喪失は，そうした不良たちのタガをはずすことになった。高度経済成長が終わった1970年代の終わりから，学校へのまなざしは変化をみせはじめる。高校や大学に進学しても，良い就職や高い給料が得られるわけではない。また，「地域・家庭の文化水準が高まり，経済的にもそれなりの生活が誰にでも可能になってくると，学校が与えるもの，学校で要求されるものが，必ずしも『ありがたいもの』と映らなくなって」[3]しまった。こうして学校はかつてのような信頼を失ってしまった。

学校の権威が喪失するとともに，不良にとっても学校は対抗するだけの価値を失ってしまった。それが噴出したのが1980年代初頭のいわば校内暴力ブームだったのだろう。それ以後，学校は対抗すべきものでも恐れるべきものでもなくなった。こうして1990年代には校内暴力の発生件数が激増するのである。

e. 不登校

もう1つの学校の権威の低下を示す事例は，不登校であろう。図1-4は1960年以後，5年ごとの不登校児童・生徒数の推移を示したものである。

一般に不登校問題が論じられる際は，早くても1980年代からの統計が示されるのが普通である。それは長期欠席児童生徒数の統計に病欠者などが含まれるためであるが，ここではあえて1960年以降の統計を示している。

この図1-4からわかるように，長期欠席児童生徒数の推移は特徴的である。まず，1960年代まではかなりの数の長期欠席児童生徒がいたことがわかる。それが1970年代になると極端に減少している。そして，1980年代以降，増加に転じ，とくに中学校で急激に増加している。このように1980年代に不登校が教育問題となったのは，1970年代から1980年代の長期欠席児童生徒数の急

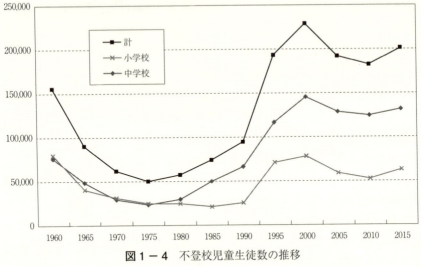

図1−4　不登校児童生徒数の推移
文部科学省『文部統計要覧（平成30年版）』により作成

増が要因であったことがわかろう。そして2000年以後，減少に転じているものの，現在もなお，かなりの数の子どもたちが長期欠席，そして不登校を続けている。

　こうした不登校児童生徒数の変化は，1970年代における学校の権威の強さを示していると考えることもできる。先にも指摘したように，1970年代は学校と学歴に対する信頼が非常に高まった時期でもあった。こうした学校への「信頼」は学校に行かなければならないという強迫観念を生み出した。こうした社会的状況が学校に行けない子どもたちを強迫的に学校に行かせていたと考えることもできよう。

　しかし，そうした学校への信頼が失われると，学校に無理に行く必要がなくなってしまう。こうして1980年代以降，不登校は増加することになったのである。

3 | 青年像の転換

a. 〈子ども〉の誕生

　1990年代に入ると，さらに学校の権威は低下する。1990年代の初頭に浪人生の数がピークとなるまでは，まだ進学と結びついた学校への信頼はわずかながらでも残っていたのかもしれない。しかし，その後，18歳人口の減少により大学進学が容易になると，学校に行く意義すら失われてしまった。つまり，勉強しなくても大学に進学できるのだから，学校でとくに勉強する必要すらないと考える高校生が現れたのである[4]。

　このような1970年代から1990年代にかけての学校の権威の喪失，また学校への信頼の低下は，上にあげたものばかりでなく，次々と数多くの教育問題を生み出してきた。こうした学校をめぐる環境の変化を生み出した背景にあるのは，子どもへのまなざしの変化であった。

　アリエス（Ariès, P. 1914-1984）は近代になって〈子ども〉へのまなざしが変化したと述べている[5]。つまり，〈子ども〉という概念は近代以降になってつくり出されたのである。近代以前は，大人と子どもの明確な区別はなく，子どもは大人と同様に扱われていた。しかし，近代になると子どもは保護すべき対象として大人から区別される存在になった。

　こうしたアリエスのいう「〈子ども〉の誕生」を受けて，ポストマン（Postman, N.）は〈子ども〉へのまなざしの変化の要因を活版印刷にもとめている[6]。活版印刷以前には，書物は非常に高価で入手しがたいものであった。しかし，活版印刷の発明により書物は広く普及するようになる。そのことにより一般の人々も文字が読めなければならなくなった。それゆえ「読む」を中心とした基礎的な学力，すなわち読み書き算（3R's：スリー・アールズ，reading, writing, arithmetic）が教えられるようになった。その対象が〈子ども〉であった。

　確かに活版印刷により，ヨーロッパでは聖書が広く普及するようになった。また，産業革命により工場労働が中心となると，機械操作のためのマニュアル

など，文字を読む能力は不可欠となった。こうして働くために文字を学ぶ年齢段階としての〈子ども〉が必要になったのである。

日本でも明治の終わりから大正期に，ヨーロッパと同様の〈子ども〉へのまなざしがつくり出されたとされる[7]。こうした〈子ども〉を大人とは異なるものとして保護しようとする考え方は，すなわち〈子ども〉への教育を，さらには学校を重視するまなざしへとつながっていた。1970年代まで学校への信頼が厚かったのは，こうした子ども観が背景にあったからだろう。

b. 失われる子ども期

ポストマンの論考が興味深いのは，単に〈子ども〉という概念がつくり出された要因を明らかにしただけではなく，これからの〈子ども〉へのまなざしの変化を指摘している点である。ポストマンは，今後，〈子ども〉はいなくなると衝撃的な予見をしている。

現代社会はメディアの発達により，すでに文字情報以上に映像と音声の情報が発達している。どの家庭にもテレビがあり，DVD，さらにはネット配信で映画やドラマを簡単に見ることができる。このように映像情報が優位になれば，文字はそれほど必要とされなくなり，文字を教育する必要がなくなり教育の意義が失われ，子どもという存在も必要とされなくなる。要するに，映像メディアの発達により子どもが喪失する，というのがポストマンの論旨である。しかし，実際には「LINEなどのSNSの普及によって，子どもたちの文字情報への接触は（その質は別として）むしろ増えている」という指摘もある。ところが，これらの文字情報は大半，スマホ上のもので即座の対応を迫られるものが少なくない。このため省察・熟考といった思考の深化が妨げられやすい。

そこで，映像情報か，それとも文字情報が優位なのかを比較する前に急増・急変する情報自体への対応が迫られる。情報→知識→真理へと思考の深化を上昇させる絆が断ち切られるおそれさえある。思考力低下もその表れとみてよい。情報の特性であるバルネラビリティ（傷つきやすさ）の度合いが強まり，瞬時に，刹那的に対応する後述のコンサマトリー化が進みやすい。

さらに，現代社会では子どもと大人の境界が曖昧になり子ども期の長期化，子どもの大人化も指摘されている[8]。アリエスの文脈でいえば，子ども服と大

人の服の区別がなくなっていることはその一例であろう．子どもという概念が曖昧になれば，教育の，また，学校の重要性も失われてしまう．こうして学校の権威は低下し，信頼も失われることになる．

c．コンサマトリー化する青少年

　こうした状況を受けて指摘されているのが，近年の青少年のコンサマトリー化であろう．

　コンサマトリーとは将来に向かって努力するのではなく，刹那的に現在を楽しもうとする状態をいう．近年の青少年へのインターネットやスマートフォン（スマホ）の急激な広がりも，こうしたコンサマトリー化を背景にしているといわれる．SNS（ソーシャルネットワーキングサービス）で日常の生活を報告し合い，用事がなくとも頻繁にSNSでメッセージを送りあう．また，ネット上に流れる動画や写真について語り合う．時にSNS上で議論が生じても，それは刹那的なものでしかなく将来につながることはない．こうしたインターネットやスマホによるコミュニケーションの発達は青少年のコンサマトリー化を象徴しているといえよう．

　こうした状況がもたらされたのは，教育，すなわち学ぶことの意義の喪失が一因となっていることは間違いなかろう．今，努力することの意味が見出せないのならば，勉強に熱心になる必要もない．

　さらに現在の青少年にとって将来の見通しをもちにくいことがコンサマトリー化に拍車をかけている．長い不況と低成長の時代は，将来を明るいものではなく，暗く不透明なものとしか見えなくしてしまった．そうした中，自身の将来像がおぼろげにでも見えなければ，将来に向かって努力することも難しい．そのことが，再び青少年の学ぶ意義を失わせてしまっている．

　このように現在の青少年が置かれた状況は厳しい．そうした中，青少年に学ぶことの意義を取り戻させることが大切であろう．今再び学ぶことの意義を問い直し，青少年に将来の見通しと見込みを取り戻させること．これが現在の中等教育の重要な課題の1つである．

引用・参考文献

1) 前田雅英『少年犯罪——統計からみたその実像』東京大学出版会, 2000 年
2) 広田照幸『教育には何ができないか——教育神話の解体と再生の試み』春秋社, 2003 年
3) 広田照幸「学校像の変容と〈教育問題〉」佐伯胖・黒崎勲・佐藤学他『岩波講座 現代の教育 危機と改革 2 学校像の模索』岩波書店, 1998 年
4) 山田浩之・葛城浩一編集『現代大学生の学習行動』広島大学大学教育研究開発センター高等教育研究叢書 90 号, 2007 年
5) アリエス, P. 著, 杉山光信他訳『〈子供〉の誕生』みすず書房, 1980 年
6) ポストマン, N. 著, 小柴一訳『子どもはもういない〔改訂版〕』新樹社, 1995 年
7) 河原和枝『子ども観の近代』中央公論社, 1998 年
8) 山田浩之「マンガはいかに語られたのか」小谷敏編集『子ども論を読む』世界思想社, 2003 年

2章

教育の本質と中等教育の目的

1 | 教育の本質

a. 人間とは何か

　教育の本質への問い，すなわち「教育とは何か」という問いを問おうとすれば，必ず「人間とは何か」という人間存在への問いが投げ返されるであろう。「教育とは何か」という問いは，「人間にとって教育とは何か」ということを意味している。それゆえ，教育の本質への問いは人間の本質への問いを前提としている。そこでまず人間の基本的な構造について述べることからはじめたい。

❶ 自然的存在としての人間

　人間とはいったいどのような存在であろうか。人間はもちろん生物であり，自然的存在として自己に内在する自然法則（nature）に従って成長する。この人間の成長がどの程度内在的な自然法則に支配されているかということについては今なお論争されている。アメリカの心理学者ゲゼル（Gesell, A.L. 1880-1961）は一卵性双生児を用いた「双生児統制法」の実験的研究を行い，乳幼児の知覚－運動機能の成長においては，教育訓練よりも生物学的な成熟のほうが優位に立つことを実証した（成熟優位説）。ゲゼルは，この結果から，環境要因よりも遺伝要因が乳幼児の成長過程に大きく影響する，と考えた。これに対して，同じアメリカの心理学者ワトソン（Watson, J.B. 1878-1958）は，すべての行動は「条件づけ」など外部環境からの働きかけによって形成されるとし，遺伝的なものとは無関係に環境を調整することによって人間の成長をコントロールできるとした（環境優位説）。しかしながら，ゲゼルやワトソンのような単純な単一要因モデルによって人間の成長を説明することは，現代において

は，受け入れられないであろう。人間の成長は遺伝要因か環境要因かという単純な図式によっては理解できない。現代の心理学では単一要因モデルに代わって遺伝要因と環境要因との相互作用モデルが採用されているのである（シュテルン〈Stern, W. 1871-1938〉の輻輳(ふくそう)説やジェンセン〈Jensen, A.R. 1923-2012〉の環境閾値(いきち)説など）。また，行動遺伝学では，「遺伝」がもっている不変性（子どもの才能は変えようがない），伝達性（親の能力が子どもにも伝わる），決定性（子どもの才能は生まれつき決まっている）といった考え方も改められ，「遺伝」にも発達的変化や可塑性が認められている[1]。さらにアメリカでバイオ・ベンチャー企業をおこし，ヒトゲノムの全解読に成功したベンター（Venter, C. 1946- ）はヒトゲノムには通説よりも多様性が存在したとし，「われわれが発見した遺伝子の数は生物を決定する因子としては少し少ないと思っている。人間の多様性を創造するものは，遺伝子的にがっちり組み込まれているのでなく，環境が重要な役割をしている」[2]と指摘した。人間の成長はある程度内在的な自然法則にもとづきながら進行していくが，人間が成長するためには環境からの働きかけも重要な要因となっているのである。

❷ 文化的・社会的存在としての人間

人間は単に自然的存在であるだけでなく，社会の中で共同しながら文化（英 culture, 仏 culture, 独 Kultur）を創造する存在でもある。たしかに人間は生物であるが，他の生物とは異なり，生物界の中で特殊な位置を占めている。ドイツの哲学的人間学者ゲーレン（Gehlen, A. 1904-1976）によれば，人間は他の動物がもっているような環境世界をもっておらず，適応すべき環境世界を欠いた存在（Mängelwesen）である。それゆえ，人間は生の自然の中では生きることができず，人工的な自然すなわち文化世界を建設することを余儀なくされている文化的存在である。かつて，ルソー（Rousseau, J.J. 1712-1778）は人間の「自然状態」が人間の本来の姿であると考え，「自然にかえれ」と主張したが，これに対してゲーレンは「文化にかえれ」と主張する[3]。というのも，人間のもつ自然的衝動は文化という形式によってソフィストケイトされなければ，人間社会に受け入れられないからである。

文化的存在としての人間はまた社会的存在であるということもできよう。人間は文化的な生活様式を自らが属している社会に共生しているパートナーから

学習する。社会に存在する文化的な生活様式を引き受けなければ生活していくことができないという意味で，人間は社会的存在なのである。また社会（集団）は人間の自我の存立基盤にも大きく関与している。人間の自我は成長の過程で自然に出現してくるように考えられがちである。しかし，ミード（Mead, G.H. 1863-1931）によれば，人間は「他者の役割」を引き受けること，換言すれば「他者の視点」をとおして，あるいは他者の役割や他者の視線を基準として自らの態度を決定していく。人間の自我でさえも社会にその基盤をもっているのである。

b. 教育とは何か

以上，自然的存在および文化的・社会的存在という人間存在の基本構造について述べてきた。教育という概念はこれらの人間存在の基本構造に照らして考察されなければならないであろう。もちろん，教育は生徒のもつ多様な条件に対応しなければならないきわめて複雑な行為である。しかしながら，人間存在の基本構造から考えるならば，教育の本質は発達の援助としての教育ならびに文化伝達としての教育にある程度集約することができよう。

❶ 発達の援助としての教育

人間は自然的存在として自己に内在する自然法則に従って発達するけれども，外部からの援助があってはじめてその発達は成し遂げられる。スイスの生物学者ポルトマン（Portmann, A. 1897-1982）は，人間の誕生が他の高等哺乳類よりも1年早く起こっているという生物学的な結論（生理的早産説）に達し，人間の発達を援助する教育が必要であるとした。ポルトマンは生理的早産という事実から，本来母胎の中にいなければならない胎児が人間として発達していくためには，誕生後に「伝統をもつ人間集団が営む共同活動」による援助が必要であると述べている[4]。

また，教育（英 education，仏 éducation，独 Erziehung）という言葉は，その語源からみれば，親が子どもを育てるという生物学的な営みであった。教育という言葉は，そもそも胎児を引き出し，養うことを意味していた。英語の education の語源である educare は養育することを意味しており，ドイツ語の Erziehung の語源である ziehen という動詞はそもそも引っ張るとともに飼育

することを意味していた。このように，教育の語源には，子どもや動物を養育するという本来の意味があるのである。

近代教育思想家たちも人間の自然（nature）にもとづく発達を見守ることが教育の本質であると考えた。コメニウス（Comenius, J.A. 1592-1670）は人間の自然を「私たちの・最初の・基本的な性質」だと考え，コメニウスは自らの著書『大教授学』の中で「人間には，なに一つ外部から持ち込む必要はありません。自分の中に秘められていたものが，蔽いをはがれ，繰りひろげられ，一つ一つのものが，その姿を明らかにされるだけでよいのです」5)と述べている。さらにルソーはその著書『エミール』の中で子どもの自然を無視した教育や人間による積極的な介入に対して警告している。人間は自然と事物に一致して教育されなければならない。自然の発達過程や事物の秩序を無視して教育を行うことはできないのである。ルソーの考え方を発展させたペスタロッチ（Pestalozzi, J.H. 1746-1827）も「合自然」（Naturgemäßheit）こそが教育の本質であると考えた。ペスタロッチは次のように述べている。「人間に対する教授は，すべて，その本来の発達に向かっての自然本性のこの努力に手をかす技術に他なりません。…（中略）…したがって，教授によって子どもに植えつけねばならない諸印象には必ず一定の順序があり，その始点および進度は，子どもの発達する諸能力の始点および進度と十分に歩調が合っていなければなりません」6)と。ペスタロッチは，子どもに行う授業も子どもの自然に手をかす技術でなければならず，子どもの発達と同じ順序でなければならない，と考えたのである。

❷ 文化伝達としての教育

以上のような発達の援助に加えて，文化伝達もまた教育にとって本質的なものであるとみなされている。人間の諸能力は単に人間の内部から発展しうるのではない。人間の諸能力の発展には客観的な文化の媒介が必要であり，人間は文化の中でこそ発達することができる。このように考えたのがドイツの文化教育学（Kulturpädagogik）である。

文化教育学の考え方が現れる以前，1920年代のドイツ教育学の潮流となっていた改革教育学（Reformpädagogik）ならびに改革教育運動の基本理念は「子どもから」（Vom Kinde aus）であった。「万物をつくる者の手をはなれるとき

すべてはよいものであるが，人間の手にうつるとすべてが悪くなる」というルソーの性善説に裏打ちされた子ども観のもと，教育の使命は人間の中の自然性を信頼し，子どもの現実から出発することであり，子どもの自然性をゆがめる社会・文化的な影響を排除してやることであった。

　こうした改革教育学の立場とは反対に，人間の諸能力は単に人間の内部から発展しうるのではなく，客観的な文化の媒介が必要であるという認識が高まってきた。こうした認識は文化教育学を成立させる背景となった[7]。この文化教育学の祖とされているのはパウルゼン（Paulsen, F. 1846-1908）である。パウルゼンは文化と教育の不可分な関係を強調して，次のように述べている。「教育とは，先立つ世代から後に続く世代への理念的文化財の伝達である」[8]と。フリッシュアイゼン＝ケーラー（Frischeisen-Köhler, M. 1878-1923）も，教育とは「単に自然的存在として生まれた人間を精神史的世界へ編入すること」「一定の文化理想を目指して，自然的に規定された存在を文化的存在にまで形成し，陶冶すること」であると考えている[9]。

　文化教育学に属する教育学者には，その他にケルシェンシュタイナー（Kerschensteiner, G. 1854-1932），リット（Litt, T. 1880-1962），ノール（Nohl, H. 1879-1960）らがいるが，文化教育学の代表者は何といってもシュプランガー（Spranger, E. 1882-1963）であろう。シュプランガーは自らが師事していたパウルゼンの考えを受け継ぎ，文化は若い後継者を必要としていると考える。若い世代はその時代の文化と出会い，それと取り組むことによって，文化創造に従事する力を発展させることができるのである。

　ただし，シュプランガーのいう文化伝達は受け身的な文化財の伝達を意味しているのではない。「文化財の単なる伝達，たとえば，いわゆる受動的な精神容器のなかへの知識の単なる詰め込みは，もはや存在しない。そうではなくて，ここでは必ず自己発展する精神の内的活動性が，待ち受けたり，もしくは退けたりなどして，共働しなければならない」[10]。文化財の伝達も文化のもつ価値に生徒を目覚めさせることができなければ真の教育（Erziehung）とはいえない。もし文化財の伝達が単なる知識の教え込みであれば，それはせいぜい教授（Unterricht）にすぎないであろう。文化財の伝達は獲得された文化財をいかにさらに価値あるものに高めるか，価値あるものに目覚めた内面性に発達さ

るかが重要なのである。こうした人間の内面性は教えられるものではない。シュプランガーは文化によって人間を覚醒(かくせい)することも，発達の支援や文化伝達とともに教育の本質であると考えている。

c. 中等教育における文化伝達をめぐる問題

ところで，小笠原道雄はこれまでの文化のとらえ方に再考を促している[11]。これまでの教育学において文化は教育の内容を構成する陶冶財として扱われ，「きわめてスタティックに，すでにでき上がったもの」と考えられてきた。しかし，今日の文化をめぐる社会科学の成果に着目するならば，文化はそのように「矮小化(わいしょう)されえないもの，もっとダイナミックなもの」と考えられる。これまでの教育学において，文化財は学校において学習者に獲得される客体とみなされ，文化財を獲得するための生徒の能力や教育方法が問題にされてきた。しかし，近年，身体化された文化に注目が集まり，身体化された文化が学習者の学校への適応を左右していることが問題とされるようになった。

❶ 文化的再生産論

フランスの社会学者ブルデュー（Bourdieu, P. 1930-2002）の研究が注目される理由は，教育上の成功が個人の生まれつきの能力や家庭の経済力にだけあるのではない，とブルデューが指摘したからである。ブルデューはパスロン（Passeron, J.C. 1930- ）との共同研究において，学校で評価される能力は生まれつきの才能ではなく，むしろ「ある階級のさまざまな文化的慣習と教育制度の間の要求事項との親和性の大きさによって決まる」[12]と考えた。より価値があると考えられる客観的文化（たとえば文学全集）が家庭の中に存在し，その客観的文化に幼少のころからリアルにふれていることは，客観的文化を集約した教科書にリアリティをもちながらそれらを習得することにおいて有利に働くであろう。さらに家庭の文化と学校の文化の親和性は，試験や受験といった「選抜」（select）のみならず，個人の「選択」（select）にも影響を与えるであろう。学校の文化と親和性をもった家庭の文化の中で育ってきた子どもは，当然，学校の文化に親近感をもち，それを主体的に受け入れようとするのである。

教育上の成功を左右する家庭の文化とはどのようなものであろうか。ブルデューはさまざまな家庭的な働きかけによって子どもに伝達されるさまざまな

文化的な財を「文化資本」（capital culturel）と呼んでいる。この文化資本には書籍や絵画といった客体化されたもの，学歴や各種の資格といった制度化されたものとしても存在しているが，知識，教養，言語，技能，趣味，感性などといった個人の中に蓄積され身体化されたものも文化資本とみなされる。そしてこの身体化された文化資本は「ハビトゥス」（habitus）と呼ばれている。

ブルデューがハビトゥスの中でもっとも重要であると考えているのは言語（これは「言語資本」〈capital linguistique〉とも呼ばれる）である。ブルデューによれば，語法がしっかりしており，推敲がなされている言語は正統な言語とみなされており，学校の文化との親和性が高い。したがって，正統な言語を家庭の中で身につけた個人は学校の中で評価される可能性が高いのである。

またイギリスの教育社会学者バーンスティン（Bernstein, B. 1924-2000）も学校における言語に注目している。バーンスティンによれば，言語を規制するコード（「言語コード」）は家庭の中で暗黙の内に獲得される。この言語コードは適切な意味を見出すためのコードである[13]。中産階級の子どもは，家庭の中で，明白な意志を客観的で，抽象的な言葉によって表明し，多様な表現をするようしつけられる。中産階級の家庭では「精密コード」（elaborated code）によって子どもの言語が規制されているのである。これに対して，労働者階級の子どもたちは，家庭の中で，限定された，狭い範囲の語彙から言葉を選択し，単純な構造の文を構成することでよしとされる。労働者階級の家庭では「限定コード」（restricted code）のままで子どもの言語が規制されているのである。学校が子どもたちに要求する言語コードはもちろん「精密コード」である。したがって，「精密コード」を身につけている中産階級の子どもたちは学校と親和性をもっており，それが教育的成功と結びついているのである。

❷ 負の文化的再生産論

文化伝達は中等教育における課題である生徒の逸脱に対しても非常に大きな関連をもっている。ウィリス（Willis, P.E. 1945- ）は，イギリスの労働者階級の少年たちがなぜ学校文化に反抗的なのかを調査している。バーミンガム大学現代文化研究センターに勤めていたウィリスはある男子校の「野郎ども」（the lads）とともに過ごした経験からイギリスの工業都市ハマータウンの「野郎ども」がなぜ反学校的な文化（counter culture）を受け入れるのか，その理由を

リアルに描き出している。「野郎ども」にとって、学校教育は精神労働を強いるものであり、権威をふりかざして生徒たちを従順にさせる場でしかない。「ほんとうにさ、やつらの学校生活の思い出ってなにがある？　将来思い出になるようなものがなにかあるかい？　教室にチンマリ坐(すわ)って、セッセセッセと無い知恵しぼってばかりいてよ、おれたちが楽しくやっているあいだもさ。……おれたちにはいっぱい思い出すことがあるだろ。教師にひとあわ吹かせてやったことだっていい記念になるしさ」[14]。イギリスの労働者階級の少年たちは中産階級が価値あるものとみなす頭脳労働を決して肯定的なものとしてみなしていない。むしろイギリスの労働者階級の少年たちは、少なくともある面では、自分たちのほうがものごとによく通じており、頭がよいとリアルに感じている。したがって、資格や学校の勉強の世話にならないでも、社会の中で問題なくやっていけると考えている。こうして「野郎ども」は反学校文化を正統なものとみなし、その正統性を主張していくのである。

　また、ウィリスは、イギリスの労働者階級の子どもたちがなぜ肉体労働を積極的に選ぶかについても文化伝達の側面から見事に描き出している。イギリスの労働者階級の子どもたちは手労働の世界には「ほんとうのおとなの世界の味わい」があると感じ、手労働こそが学校的な権威から自由になった「男らしい」活動であると感じている。これとは逆に、精神労働は「貪欲(どんよく)にひとの能力を食いつくそうとする」ものとして感じられている。彼らがそのような感覚をもつのはまさに家庭の中に労働者階級の文化が存在するからである。「おやじの話を聞いてりゃ、（職場は）まるで学校をでかくしただけって感じだね。学校と変わりないように聞こえるよ。この前もおやじと話してたのさ。……あのいたずら騒ぎのことをおやじに話してたら、『そんな悪ふざけばかりするもんじゃないよ』っておふくろが口をはさんだのさ。そしたらおやじが、『わしらもやるぜ』ってね」[14]。イギリスの労働者階級の子どもたちは、中産階級が価値あるとみなす精神労働の対局に位置する肉体労働にこそ「男らしさ」の意味を求め、その結果、家族と同様に肉体労働の道を進んで選択していくのである。

　以上のような文化的再生産論において注意すべきことは、家庭の文化と学校の文化の親和性からのみ教育の可能性を判断しないということである。ある生徒の家庭の文化が学校の文化と親和性をもっていないからといって、その生徒

の教育上の成功が阻まれていることにはならない。ブルデュー自身が指摘しているとおり，家庭の文化がそのまま個人の教育上の成功に結びつくと機械的に決定することはできない。むしろ，たとえ家庭の文化が学校の文化と親和性をもっていなくとも生徒の教育上の成功を実現することが，とりわけ中等教育には求められている。教育者は家庭の文化に恵まれない生徒がいかに教育上の成功を獲得していくのかを研究していく必要があるのである。

2 ｜ 中等教育の目的

a. 目的意識的行為としての教育

　教育という行為は目的意識的な行為である。教育を行う主体は何らかの意図をもって生徒に働きかける。たしかに，生徒に働きかけ，影響を与えるものには意図があるものばかりではない。メディアなどを通じてさまざまな人間のさまざまな言葉が生徒に働きかけることもあるであろう。むしろそうした不特定多数に向けられた無意図的な働きかけのほうが，生徒に大きな影響を与えるかもしれない。しかし，そうした無意図的な働きかけは教育とみなされない（これは形成とみなされる）。教育者は，たとえば子どもを善くしようというような，何らかの意図をもって生徒に働きかける。教育は目的をもって行われる行為なのである。

　また，教育は目的意識的な行為でなければならない。ドイツの教育学者ヘルバルト（Herbart, J.F. 1776-1841）は科学的教育学を確立しようとした。ヘルバルトの考える科学の条件は1つの原理にもとづいて知識が体系化されていることである。ヘルバルトはさまざまな教育方法や教育技術を体系化しようとし，その原理を教育目的（道徳的品性の陶冶）に求めた。ヘルバルトの著書『一般教育学』の副題が「教育の目的から演繹された」となっていることはつとに有名である。現在においても，さまざまな教育技術が開発され，教育に関する知識が増大している。われわれはややもすれば教育の目的を忘れ，教育に関する技術や知識だけを求めてしまう。だが，教育者は何のための技術や知識なのかを思い出さなければならない。教育という行為はつねに目的を意識した行為で

なければならないのである。

目的を意識するのは教育的行為の主体である教育者であることにも留意しなければならない。イギリスの教育哲学者のピータース（Peters, R.S. 1919-2011）は教育には内在的な目的があると考え、教育という概念を分析した。ピータースによれば、教育の目的は、もはやそれが営まれる社会の中に求められる必要がなく、すでに教育という概念に内包されている。具体的には「知力を高めること」「個性を伸ばすこと」「性格を発達させること」などが教育の目標として内在していると考えることもできよう[15]。これに対して、デューイ（Dewey, J. 1859-1952）はその著書『民主主義と教育』の中で「教育はそれ自体としてはいかなる目的ももっていない」と述べている[16]。教育者のもつ目的は子どもが成長するにつれて、変化していくものであり、その内容は多種多様である。教育的行為の主体である教育者だけが目的をもっているのであり、教育者はつねに変化する子どもの状況を考慮し、つねに教育目的を自覚して、教育内容や教育方法の選択および配列を行わなければならないのである。

b. 目的と目標との関係

ここで教育の目的と目標の関係について述べておこう。一般的に、教育の目的（purposes）は具体的な目標を設定する主体の意図であり、主体が実現を意図する価値を含意している。これに対して、教育の目標（objectives）は教育の目的を実現するための手段としての行為がめざすべき具体的なめあてであるとされている[17]。

1947（昭和22）年に制定された旧教育基本法には、教育目標は示されておらず、教育目的のみがその第1条に規定されていた。「教育は、人格の完成をめざし、平和的な国家及び社会の形成者として、真理と正義を愛し、個人の価値をたっとび、勤労と責任を重んじ、自主的精神に充ちた心身ともに健康な国民の育成を期して行われなければならない」。このように、旧教育基本法には、教育者が教育目的を設定する際の基本的枠組みが示されていた。したがって、さらに具体的な目標は学校教育法ならびに学習指導要領の中で規定されていたのである。

これに対して、2006（平成18）年に約60年ぶりに新しく改正された教育基

本法では，教育の目的の他に教育の目標も示されている。新しい教育基本法の第1条は「教育は，人格の完成を目指し，平和で民主的な国家及び社会の形成者として必要な資質を備えた心身ともに健康な国民の育成を期して行われなければならない」とされ，教育は人格の完成と国民の育成をめざして行われることを示すだけとなった。その代わりに，第2条に次のような教育の目標が示された。「1　幅広い知識と教養を身に付け，真理を求める態度を養い，豊かな情操と道徳心を培うとともに，健やかな身体を養うこと。2　個人の価値を尊重して，その能力を伸ばし，創造性を培い，自主及び自律の精神を養うとともに，職業及び生活との関連を重視し，勤労を重んずる態度を養うこと。3　正義と責任，男女の平等，自他の敬愛と協力を重んずるとともに，公共の精神にもとづき，主体的に社会の形成に参画し，その発展に寄与する態度を養うこと。4　生命を尊び，自然を大切にし，環境の保全に寄与する態度を養うこと。5　伝統と文化を尊重し，それらを育んできたわが国と郷土を愛するとともに，他国を尊重し，国際社会の平和と発展に寄与する態度を養うこと」。この第2条には，道徳心，自律心，公共の精神など，現代社会に求められている課題が具体的に規定されたのである。

c. 人格の完成をめぐる問題

　教育技術を求めるあまり，教育の目的が忘れ去られようとしている，と先に述べた。このような教育目的の喪失状況を生み出す背景をつくり出しているのは，まさに教育の目的として規定された人格という概念であるという指摘もある。人格という概念はあまりにも抽象的であり，あまりにも当たり前のことである。そうした人格概念の抽象性や自明性が，教育実践において教育目的に対する真摯（しんし）な態度を失わせているのである。「後期中等教育の拡充整備」という答申の別記である「期待される人間像」（1966〈昭和41〉年）によって具体的な人間像が提案されたのも，教育基本法の教育目的があまりにも普遍的であり抽象的であったためであった。

　また，人格の完成の意味するところが難解であることも学校現場で教育目的が喪失している原因となっている。そもそも人格の完成とは，「個人の価値と尊厳との認識に基き，人間の具えるあらゆる能力をできる限り，しかも調和的

に発展させることである」(文部省訓令第4号)とされる。したがって，人格の完成とはまさに個人の完成を意味している。人格の完成という教育目的には，個人が無視された戦前の「教育勅語」に対する反省が秘められているのである。しかしながら，この個人としての完成には同時に国民として完成されるということが含まれている。プラトン (Platon B.C.427-347) は，個人の完成と国家目的に奉仕する人間の育成という2つの目的要求の調和をめざしていたが，個人の完成と国民の完成との関係が非常に不安定であることはこれまでの歴史的事実が物語っている。また，あまりにも個人主義化した現代において，個人と社会の調和は実感しにくいものとなっており，人格の完成の意味内容が得心できにくくなっているのである。

d. 中等教育の目的の二重性

教育基本法が改正されたことにともなって，2007(平成19)年には，教育再生会議第1次報告「社会総がかりで教育再生を―公教育再生への第一歩―」において，「学校教育法の改正」をはじめとする教育三法の改正が提言された。同年には学校教育法が改正され，幼稚園から大学までの各学校種の目的と目標が見直されている。

新しい学校教育法第45条には中学校教育の目的が「中学校は，小学校における教育基礎の上に，心身の発達に応じて，義務教育として行われる普通教育を施すことを目的とする」と規定されている。また，学校教育法第50条には高等学校教育の目的が「高等学校は，中学校における教育の基礎の上に，心身の発達及び進路に応じて，高度な普通教育及び専門教育を施すことを目的とする」と規定されている。さらに中高一貫の中等教育学校教育の目的は学校教育法第63条において「中等教育学校は，小学校における教育の基礎の上に，心身の発達及び進路に応じて，義務教育として行われる普通教育並びに高度な普通教育及び専門教育を一貫して施すことを目的とする」と規定されている。

以上のような条文からもわかるように，中等教育の目的には二重性が存在している。中学校教育の目的は生徒に「普通教育」を施すことであるが，高等学校教育の目的は生徒に「普通教育及び専門教育」を施すことであるとされている。「普通教育」とはすべての国民を対象として行われる一般的・基礎的教育

であり，国民として必要な知識や技能の育成のために行われる。これに対して「専門教育」とは職業に従事するための準備教育であり，「職業教育」と呼ばれる場合もある。中学校の目標には，さらに「職業についての基礎的な知識と技能，勤労を重んずる態度及び個性に応じて将来の進路を選択する能力を養うこと」が加えられている。わが国の中等教育においては，一般的・基礎的な教育を行っていきながらも，職業に関連する知識や技能や態度を育成していくことが求められているのである。

現代の教育はますます近視眼的になってきている。教育者の眼前には，いじめ，不登校，暴力行為，学力低下などの教育問題が山積している。さまざまな教育問題の前で，教育者には目に見える改善が求められ，早期の問題解決が要求されている。こうした状況の中で，教育者は問題解決のために即効性のある教育技術を求めるようになっており，教育を何のために行うかという問題は忘却されつつある。それゆえ，現代においてこそ，教育者は教育の目的を機能させなければならない。教育者は自らの教育実践が教育の目的に適合したものなのかをつねに自問し，教育の目的を実現するために日々の教育実践を創造していかなければならないのである。

引用・参考文献

1) 関崎一他編集『教育心理学の理論と実践』日本文化科学社，1997年
2) Ritter, M., Humans' DNA not quite so similar, in *USA Today*, The Associated Press, 2007.
3) ゲーレン，A. 著，亀井裕他訳『人間学の探究』紀伊國屋書店，1970年
4) ポルトマン，A. 著，八杉龍一訳『生物学から人間学へ』思索社，1981年
5) コメニウス，J.A. 著，鈴木秀男訳『大教授学』明治図書出版，1974年
6) ペスタロッチ，J.H. 著，長尾十三二・福田弘訳『ゲルトルート児童教育法』明治図書出版，1976年
7) 林忠幸「精神科学的教育学の潮流とシュプランガー」村田昇編集『シュプランガーと現代の教育』玉川大学出版部，1995年
8) Paulsen, F., *Pädagogik*, Stuttgart, 1911.
9) Frischeisen-Köhler, M., *Philosophie und Pädagogik*, 1917.
10) シュプランガー，E. 著，杉谷雅文・村田昇訳『教育学的展望――現代教育の諸問題』関書院，1956年
11) 小笠原道雄編著『文化伝達と教育』福村出版，1988年
12) ブルデュー，P.・パスロン，J.C. 著，石井洋二郎監訳『遺産相続者たち』藤原

書店，1997年
13) バーンスティン，B. 著，萩原元昭編訳『言語社会化論』明治図書出版，1981年
14) ウィリス，P.E. 著，熊沢誠・山田潤訳『ハマータウンの野郎ども ── 学校への反抗・労働への順応』ちくま学芸文庫，1996年
15) 原聡介他『教育と教育観 ── 現代教育の本質と目的を考えるために』文教書院，1990年
16) デューイ，J. 著，松野安男訳『民主主義と教育』岩波文庫，1975年
17) 小笠原道雄「教育の本質と教育目的」上原貞雄・三好信浩編集『教育原論』福村出版，1992年

3章 中等教育の内容

1 教育の内容と教育課程

a. 教育内容・教育課程とは何か

　学校の教育活動は，一般的に「目標－内容－方法」の枠組みの中で計画されている。教育目標は教育が向かう方向である。その目標を達成するために，人類がこれまでつくり上げてきた科学技術や芸術などの文化遺産を選択し組織したものが教育内容である。学校教育において，この教育内容を選択し計画すること，すなわち，教科課程や教科外課程などのように課程別に分け，教材と活動によって単元に構成し，各課程の内容を学年別に順序づけ配列したものが教育課程といわれている。

　ところでこの教育課程という用語は，英語のカリキュラム（curriculum）の訳語であり，語源的にはラテン語の競馬場のレースコースを意味していた。カリキュラムとは，簡潔にいえば，学校で教える科目や内容など，学校の教育計画全体を意味するものとして用いられてきたものであった。

　今日，教育課程という用語とカリキュラムという用語は混用される場合が少なくない。たとえば，学習指導要領では教育課程という用語が見受けられ，学習指導要領＝教育課程ととらえられていることもある。一方，日常的に教育課程に代わってカリキュラムという用語を耳にすることが多くなっている。

　教育内容や教育課程，カリキュラムという概念はきわめて多義的であるため，これらの概念を明確にとらえておく必要がある。

b. わが国における教育課程の変遷

わが国において、教育課程という用語が使われるようになったのは第2次世界大戦後のことである。それまでは、小学校では教科課程という用語で、中等学校では学科課程という用語で、教育活動の一側面としてとらえられていた。

たとえば、教科課程について、『学習指導要領一般編（試案）』（1947〈昭和22〉年）では、次のように述べられていた。

「教科の中には、その性質によって、どの学年でやってもよいものと、そうでないものがある。また、どの学年で課してもよい場合でも、その内容上で、課する学年に先後の順序のあるものもある。そこで、われわれは、実際の指導にはいる前に、いろいろな教科について、それを課する学年を考え、更に、一つ一つの教科の内容をどんなふうに学年を追って課するかを考える必要が出て来る。このようにして、どの学年でどういう教科を課すかをきめ、また、その課する教科と教科内容との学年的な配当を系統づけたものを、教科課程といっている」

すなわち、教科課程とは、各教科の内容を発達段階に応じて系統づけたものを意味していたのである。

その後の『学習指導要領（試案）』の改訂（1951〈昭和26〉年）で、「教科や教科以外の活動の内容や種類を学年別に配当づけたものを教育課程という」と規定されることになった。すなわち、学校の教育活動を教科と教科外の2本柱としてとらえ、それぞれの内容を発達段階に応じて系統的に配当づけたものを、教育課程という用語でとらえるようになったのである。

現在、教育課程の意義について、『中学校学習指導要領（平成29年告示）解説　総則編』（2017〈平成29〉年7月）には、「教育課程の意義については様々な捉え方があるが、学校において編成する教育課程については、学校教育の目的や目標を達成するために、教育の内容を生徒の心身の発達に応じ、授業時数との関連において総合的に組織した各学校の教育計画であると言うことができ、その際、学校の教育目標の設定、指導内容の組織及び授業時数の配当が教育課程の編成の基本的な要素になってくる」と示されている。

c. 教育課程からカリキュラムへ

1970年代後半から，これまで訳語と原語の関係としてとらえられてきた教育課程とカリキュラムが，異なる意味内容をもつものとしてとらえられるようになってきた。それは，教育課程が教える側の視点からのものであり，国家的基準によるものであるのに対し，カリキュラムは子どもの視点からのものであり，目標や内容のほか，教授 - 学習活動，評価活動などをも含み込んだものとしてとらえようとする動向が広がったことによる。

そして，カリキュラムという用語は，非計画的で無意図的な教育内容としての，いわゆる「かくれた（hidden）」ものも含めて「学習者に与えられる学習経験の総体」として広義の概念としてとらえられるようになってきたのである。

2 │ カリキュラム改革の歴史

a. 児童中心主義教育思想にもとづく新教育運動の展開

20世紀初頭のアメリカやヨーロッパ諸国において，教育の目的や内容を，子どもの興味や関心から考えようとする思想が広まった。たとえば，スウェーデンの教育家であるケイ（Key, E. 1849-1926）は『児童の世紀』（1900）の中で，「20世紀は子どもの世紀になるであろう」と述べていることは周知のとおりである。また，ドイツでは「子どもから（Vom Kinde aus）」ということが強調されるようになった。児童中心主義教育思想にもとづく新教育運動が展開されたのである。

アメリカにおいて新教育運動の口火を切り，今日にいたるまで大きな影響を与えているのは，デューイ・スクールにおける児童中心主義教育の実践である。デューイ（Dewey, J.J. 1859-1952）は，シカゴ大学に実験学校を創設し，従来の伝統的な知識教授中心の学校から，子どもたちの興味にもとづく労作学校への転換を試みた。そこでは，子どもたちが興味をもって行う木工や料理などの生産活動を学科としてとらえるのではなく，生活や学習の方法としてカリキュラムの中心に位置づけようとしたのである。

デューイの教育論の根底には、「なすことによって学ぶ（learning by doing）」という経験主義の思想がある。子どもの興味や関心を尊重する児童中心主義の立場で、伝統的な教科中心のカリキュラムから、経験カリキュラム、生活カリキュラムへの転換をめざしたということができる。

しかし、こうした新教育運動においては、しばしば子どもの経験や活動が自己目的化されることで、結果的に科学技術などの文化遺産を子どもたちに伝授することが軽視されることもあった。

b. 教育内容の現代化運動

1950年代後半から、学校の教科内容に現代の科学技術や文化の成果を取り入れようとするカリキュラム改革が進められた。アメリカでは、ソ連の人工衛星打ち上げによるいわゆる「スプートニク・ショック」（1957）が大きな契機となった。その翌年には「国家防衛教育法」が成立し、数学や自然科学、外国語などの教育改革に必要な研究費に対する国家レベルの援助が認められることになった。それを受け、高校の数学や自然科学分野のカリキュラムを改革する運動が全米に広がっていったのである。たとえば、物理学研究会（PSSC：Physical Science Study Committee）は、多数の物理学者や教師を動員し、教科書や指導書、教材や実験器具などを作成し、現代化運動のモデルにもなり、国外にまで影響を与えることになった。

このような教育内容の現代化運動の理論的バックボーンとなったのは、ブルーナー（Bruner, J.S. 1915-2016）であった。彼は、どのような教科でも知的性格をそのままに保って、発達のどの段階の子どもにも効果的に教えることが可能である、という仮説を提起し、子どもにも理解しうる教材にもとづいて現代科学に呼応する基本的な概念や原理を取り入れた教科の構造化を図り、螺旋型カリキュラムを提起した。ブルーナーの『教育の過程』（1960）は、カリキュラムの現代化の理論を集約したものであり、国内外の教育改革に大きな影響を与えることになったのである。

こうした運動が展開された背景には、先に示したような新教育運動への批判があった。つまり、子どもの興味や経験を重視し、生活の中にあるものをそのまま教育内容としてカリキュラムを編成しようとする経験主義の教育では、基

礎学力や科学の基礎的な知識を子どもたちに習得させることが難しいのではないか，という懸念があったことによる。

教育内容の現代化運動とは，学問の構造や体系を軽視することにもなりかねない経験主義の教育，生活経験カリキュラムから，学問中心のカリキュラムへの転換をめざしたものであり，経験主義教育の問題点を克服するための1つの方略として展開されたのである。

しかし，こうした教育内容の現代化運動，すなわち学問中心のカリキュラムにも次のような問題点があった。1つは，主として自然科学関連の教科に重点を置くことになったため，結果としてそれ以外の教科や教科外教育の軽視につながってしまったことである。もう1つは，子どもの発達段階を考慮し，教える価値があるかどうかという議論を深く行うことなく，高等教育で教えられていた内容を中等教育の内容におろそうとしたことである。そしてまた，教育方法の吟味も不十分であったこともあり，教科内容を十分に理解できない子どもたちも出てきたのである。

c. カリキュラムの人間化から学力向上に向けての提言へ

1970年代に入ると，ベトナム戦争に対する反戦運動，黒人解放・女性解放などの人権闘争や環境保全運動が活発化した。こうした背景から，学校教育に対しても「学校の人間化」を求める潮流が生じ，新たなカリキュラム改革が進められるようになった。カリキュラムを従来のような学問の構造からではなく，人間的な問題や社会的な問題に関連づけることが強調されるようになった。このカリキュラムは人間中心カリキュラムと呼ばれている。

人間中心カリキュラムでは，学習者に個人の解放と発達に役立つ経験を与え，認知的な側面だけではなく，美的にも道徳的にも発達した自己実現的な人間の育成をめざすことを目的とする。また，教師と子どもとの情緒的，相互信頼的な関係を重視するものであった。しかし，学習者におよぼす結果が軽視されていることや，個人の経験に十分な配慮がなされていないことなどから批判を受けることになった。

その後，1970年代半ばになると，子どもたちの基礎学力低下への懸念から「基礎に戻れ（back to basics）」をスローガンとする運動が起こり，1980年代

に入ると，報告書『危機に立つ国家』（1983）をはじめとする改革提言が相次いで出されるようになった。さらに1990年代には，2000年までに達成すべき国家としての教育目標が示されることになった。

3 カリキュラムの編成と類型

a. カリキュラム編成における基本的視点

カリキュラムを編成する際に，スコープ（scope）とシークエンス（sequence）という2つの軸が用いられてきた。スコープとは「領域」または「範囲」と，シークエンスは「系列」と訳されており，これらはカリキュラムを編成する際の教育内容の領域・範囲と学年的配列・順次性を意味する。歴史的にみれば，1930～1940年代のアメリカにおける経験主義のカリキュラム編成の横軸と縦軸を指しており，基本的枠組みとして用いられてきた。そこでは，スコープに子どもに与える生活経験の内容の領域が設定され，シークエンスとして年齢的発達に即した内容の配列の順次性が決定され，教育の全体計画の立案が行われてきた。

しかし現在では，このような経験主義のカリキュラム編成におけるような特定の立場を意味するものではなく，カリキュラム編成における教育内容の選択・配列，その順次性・系統性の問題一般に関して用いられている。たとえば，今日の教科カリキュラムにおいてもこの枠組みに即して，各教科では教科内容のスコープをどのように設定するのか，シークエンスとしての子どもの認識的発達をふまえた教科固有の論理的配列はどのようになるのか，が問われている。

また，カリキュラムを編成する際に，「教科」と「経験」，「分化」と「統合」が対比的にとらえられてきた。教育の内容に着目するならば，教科カリキュラムと経験カリキュラムの2つに分類でき，教科の関連に着目するならば，分化カリキュラムと統合カリキュラムの2つに分類できる。

教科と経験については，先にみたように，科学技術を中心とした教科に着目するか，それとも子どもの興味や関心を重視するかによってカリキュラムの編成は大きく異なる。分化と統合については，たとえば，わが国の「総合的な学習の時間」の新設にかかわって議論されたように，科学と生活とにかかわる領

域の問題として検討される。

　このような科学と経験，また，分化と統合という視点からカリキュラム編成を行っていくことが基本的なものとなる。

b. 教科カリキュラムと経験カリキュラム

　教科カリキュラムとは，それぞれの教科の背後にある学問の体系を，その系統にもとづいて教科内容を編成し，他の教科との関連を考慮しないカリキュラムのことである。このカリキュラムでは，学問体系が教科内容の体系になりうることが可能であるため教科内容の編成が容易である。教科を子どもたちに体系的に，かつ効率的に教えることが可能となると考えられてきたものである。しかし，学問の発展とそれにともなう専門分化によって，教科内容の増大をもたらすことになった。また，学問の論理が中心となるため，子どもの興味や関心を軽視することになり，創造性や思考力といったものを育てることが困難であるといった問題点が指摘されてきた。

　経験カリキュラムとは，教科の存在を認めないカリキュラムである。子どもの興味や関心にもとづき，経験や活動を中心とした単元で構成されるものである。子どもたちの生活が学校教育そのものとなるようなカリキュラムのことである。このカリキュラムでは，子どもの心理的側面や生活現実を重視することから生きた学習が可能になると考えられ，また主体性や問題解決能力が培われると考えられてきた。しかし，生活や経験を重視するあまり，文化内容の系統的な学習が困難となり，基礎学力の低下をもたらすおそれがあるなどの問題点が指摘されてきた。

c. カリキュラムの類型

　教科カリキュラムと経験カリキュラムを両極として，多様なカリキュラムが考えられてきた。それらは以下に示す，相関カリキュラム，融合カリキュラム，広域カリキュラム，コア・カリキュラムである。

　相関カリキュラムとは，教科の区分を残しながら教科に関連のある内容を関係づけたものである。融合カリキュラムとは，相関カリキュラムをさらに広げていくつかの教科を融合させ，1つの領域を形成したものである（たとえば，

地理・歴史・公民を融合した一般社会科)。広域カリキュラムとは，教科の枠組みを取り払って広領域で教育内容を再編したものである。コア・カリキュラムとは，特定の教科，活動などを核とし，周辺に他の領域を位置づけたものである。

　こうしたさまざまなカリキュラムは，教科カリキュラムと経験カリキュラムのそれぞれの良さを活かし，問題点をいかに解決していくのか，ということに焦点が当てられ考案されてきたものである。それぞれのカリキュラムの良さや問題点を考慮に入れながら，子どもの発達段階に見合った学びを保障するカリキュラム編成が求められるのである。

4 ｜ 学習指導要領と教育課程

a. 学習指導要領の変遷

　学習指導要領は，文部科学大臣が告示するものであり，学校が教育課程を編成する際の基準とされるものである。最初につくられたのは 1947（昭和 22）年であり（1951 年までは「試案」)，その後おおよそ 10 年おきに改訂されてきている。

　1947（昭和 22）年の『学習指導要領一般編（試案）』は，アメリカのコース・オブ・スタディ（course of study）を参考にして作成された。その序論には，「この書は，学習の指導について述べるのが目的であるが，これまでの教師用書のように，1 つの動かすことのできない道をきめて，それを示そうとするような目的でつくられたものではない。新しく児童の要求と社会の要求とに応じて生まれた教科課程をどんなふうに生かして行くかを教師自身が自分で研究していく手びきとして書かれたものである」と書かれている。

　ここに示されているように，学習指導要領は当初，教師が自ら教科課程を展開するための手引きとして位置づけられていたものである。

　1951（昭和 26）年に改訂され，「教科課程」が「教育課程」に変更された。1958（昭和 33）年（高等学校は 1960 年）の全面改訂では，小・中学校に「道

徳の時間」が特設され、高等学校には「倫理社会」が新設され必修となった。一方で、基礎学力の充実、科学技術教育の向上がめざされ、系統主義的な教科内容へと移行していった。なお、この改訂の際に、学習指導要領は文部大臣が官報に告示するという形式が取られ、試案的性格から法的性格へと変化し、法的拘束力をもつものとされた。

その後の経済の急速な発展にともない、それに対応するための教育水準のレベルアップがめざされ、1968年から1970年にかけて小学校から順次、学習指導要領の改訂が行われた。教育内容の系統性がより重視され、「教育内容の現代化」が進められた。

b.「ゆとり」教育への志向

1970年代に入ると、高度化し過密化した教育内容についていけない、いわゆる「落ちこぼれ」の児童生徒が増加し、また、登校拒否（不登校）や非行が深刻な社会問題となった。こうしたことから、1977（昭和52）年（高等学校は1978年）の学習指導要領の改訂では、教育内容の精選や授業時数の削減が行われ、「ゆとりの時間（学校裁量時間）」が設けられた。

その後、日本社会の情報化、国際化、少子高齢化、価値観の多様化などが急速に進み、こうした社会の変化に主体的に対応できる人間の育成をめざし、1989（平成元）年に改訂が行われた。そこでは、教育の個性化とそれに対応した「新学力観」が強調された。心の教育の充実、基礎・基本の重視と個性化教育の推進、自己教育力の育成などが基本方針とされた。小学校低学年では社会科と理科を廃止し生活科が新設され、中学校では選択履修幅が拡大され、習熟度別指導が導入された。また高等学校では、社会科が地理歴史科と公民科に再編され、世界史が必修となった。国旗・国歌の取り扱いを明確化するなど、これまでの教育課程の理念や枠組みを大幅に変更するものであった。

1995（平成7）年4月に文部大臣から「21世紀を展望した我が国の教育の在り方について」諮問を受けた中央教育審議会は、翌年7月の第一次答申で、［ゆとり］の中で子どもたちに［生きる力］を育むことを基本とし、学校の教育内容を厳選するとともに家庭や地域社会における教育を充実すること、21世紀を目途に学校週5日制を完全実施すること、社会の変化に対応した学校教育の

改善を図ることなどを提言した。1998(平成10)年(高等学校は1999年)には、「完全学校週5日制の下、各学校が［ゆとり］の中で特色ある教育を展開し、生徒に豊かな人間性や自ら学び自ら考える力などの［生きる力］の育成を図ることを基本的なねらい」として学習指導要領が改訂された。これにもとづき、教育課程の基準についての理解を深めるとともに、各学校が創意工夫を活かした特色のある教育課程を編成し実施していくことが求められた。

学校5日制の実施や教育内容の3割削減、また国際理解、情報、環境、福祉・健康などの横断的・総合的な学習を課題とする「総合的な学習の時間」が小学校から高等学校までに新設されたこと、さらに、情報化社会に向けて中学校の技術・家庭科で「情報基礎」が必修とされ、高等学校では「情報科」が新設されたことがこの改訂での大きな特徴である。また、学習指導要領は各学校が編成する教育課程の基準としての性格をもつことが示された。

c.「ゆとり」教育からの転換

生きる力の育成をめざしたゆとり教育であったが、学力低下への懸念から、学習指導要領の早期の見直しが叫ばれていた。この間、各種の教育（学力）調査の結果が次々と明らかになり、また2006（平成18）年12月に改正された教育基本法とのかかわりからも、早期の学習指導要領の改訂がめざされた。

国際教育到達度評価学会（IEA）による「国際数学・理科教育動向調査」(TIMSS2003)、経済協力開発機構（OECD）による「生徒の学習到達度調査」(PISA2003)、また文部科学省が実施した「平成19年度全国学力・学習状況調査」の結果などからも、わが国の児童生徒の学力や学習意欲、学習習慣などの現状と課題が次々と明らかになってきた。

中央教育審議会答申「新しい時代の義務教育を創造する」(2005〈平成17〉年10月）では、「『確かな学力』を育成し、『生きる力』をはぐくむという基本的な考え方は、今後も引き続き重要である」と提言されているが、基礎・基本の確実な定着、将来の職業や生活への見通し、基本的な生活・学習習慣の確立、国際社会に生きる日本人としての自覚の育成などの視点から、学習指導要領の見直しの必要性が示された。

さらに、中央教育審議会答申「幼稚園、小学校、中学校、高等学校及び特

別支援学校の学習指導要領等の改善について」(2008〈平成 20〉年 1 月)では，これまでの「生きる力」を育むという理念を継承しつつも，「知識基盤社会」を視野に入れた改革の提言がなされた。知識基盤社会を生きる子どもたちに必要な能力を「主要能力(キー・コンピテンシー)」としてとらえた経済協力開発機構(OECD)の提言もふまえ，知識基盤社会における「課題を見いだし解決する力」「知識・技能の更新のための生涯にわたる学習」「他者や社会，自然や環境と共に生きること」などの変化に対応するための能力を「生きる力」の内実としてとらえた。また，教育基本法・学校教育法の改正により，学力の重要な要素として，「基礎的・基本的な知識・技能の習得」「知識・技能を活用して課題を解決するために必要な思考力・判断力・表現力等」「学習意欲」の 3 つをとらえ，それらを育むことが「生きる力」の育成となることを明示した。

　こうした経緯をふまえ，2008(平成 20)年 3 月(高等学校は 2009 年 3 月)に小・中学校の学習指導要領の改訂が行われることになった。教科の授業時間数の増加と「総合的な学習の時間」の縮減も行われるなど，これまでの「ゆとり教育」からの転換(いわゆる「脱ゆとり教育」)といえるものであった。教育内容にかかわっては，「言語活動」「理数教育」「伝統や文化に関する教育」「道徳教育」「体験活動」「小学校段階における外国語活動」，それぞれの充実がめざされている。また社会の変化への対応の観点から，情報教育やキャリア教育などを教科を横断して進めていくことがめざされている。中学校 1，2 年生の保健体育科で，武道の必修化が行われたことも大きな特徴である。

　なお，この新学習指導要領でも，学習指導要領の「基準性」が踏襲されている。つまり学習指導要領に示されている内容は，すべての生徒に対して確実に指導しなければならないものであるが，同時に，生徒の学習状況などの実態等に応じて，学習指導要領に示されていない内容を加えて指導することも可能である。また，教科の特質によっては，目標や内容を複数学年でまとめて示し，授業の 1 単位時間や授業時数の弾力的な運用を可能とし，総合的な学習の時間では各学校の創意工夫を引き続き重視している。

d. 新しい学習指導要領の方向性と特徴

　今日の社会は，少子高齢化，生産年齢人口の減少，グローバル化の進展や技

術革新等，急速に変化しており，予測が困難な時代となっている。そうした中で，「一人ひとりが持続可能な社会の担い手として，その多様性を原動力とし，質的な豊かさを伴った個人と社会の成長につながる新たな価値を生み出していくこと」（『中学校学習指導要領（平成29年告示）解説　総則編』）が期待される時代となっている。これまでの知識および技能の習得と思考力，判断力，表現力等のバランスを重視する枠組みや教育内容を維持するとともに，汎用的なスキル（コンピテンシー）・能力の育成を重視する世界的な潮流をふまえながら，こうした新しい時代に必要とされる「資質・能力」の育成をめざして，学習指導要領の改訂が進められ，2017（平成29）年3月（高等学校は2018年3月）に学習指導要領が改訂された。

　この間の経緯は，2014（平成26）年に，文部科学大臣から中央教育審議会に対し「初等中等教育における教育課程の基準等の在り方について」諮問が行われ，教育課程企画特別部会において検討が進められ，2015（平成27）年に「論

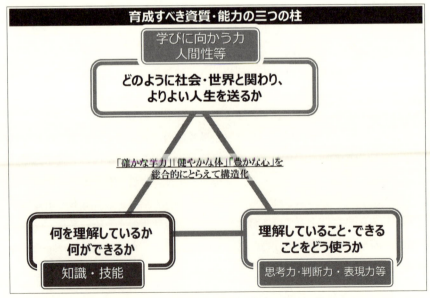

図3-1　育成すべき資質・能力の三つの柱
中央教育審議会「幼稚園，小学校，中学校，高等学校及び特別支援学校の学習指導要領等の改善及び必要な方策等について（答申）補足資料」2016年，p.7 より

点整理」が公表された。その後，2016（平成28）年に「幼稚園，小学校，中学校，高等学校及び特別支援学校の学習指導要領等の改善及び必要な方策等について（答申）」が示され，新しい学習指導要領の方向性が示されることになった。子どもたちが学校での学びを通して「何ができるようになるか」という視点から，育成すべき「資質・能力」が検討され，3つの柱として示されたものが図3－1である。この3つの柱に基づき，各教科等の目標および内容を再整理することが提言された。

そして，「社会に開かれた教育課程」という基本理念のもと，その実現に向けて「何ができるようになるか」「何を学ぶか」「どのように学ぶか」の関連および新しい学習指導要領の方向性を示したものが図3－2である。

今回の改訂では，「資質・能力」「主体的・対話的で深い学び」「社会に開かれた教育課程」「カリキュラム・マネジメント」等の新しい概念が登場することになったことが大きな特徴である。それぞれの概念を正確に理解し，それら

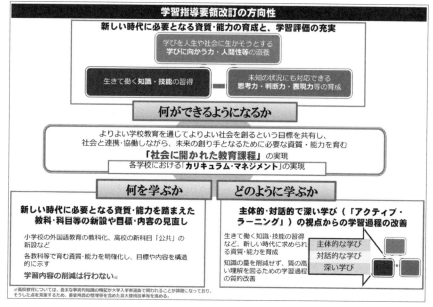

図3－2　学習指導要領改訂の方向性
中央教育審議会，前掲資料，p.6 より

の関連を有機的に全体構造の中で理解することが重要である。

なお，教育内容の改善事項はほぼ前回を踏襲しているが，「言語活動の充実」は「言語能力の確実な育成」に変更された。アクティブ・ラーニング等によるグループでの対話・議論を通して，よりいっそうの言語能力の育成が求められているといえよう。さらに，各校種において新しい内容の充実が求められてきている。たとえば，小学校では外国語の教科化が行われ，また小・中学校では道徳が「特別な教科」として位置づけられた。小学校から高等学校まで「主権者教育，消費者教育，防災・安全教育などの充実」もよりいっそう求められ，またプログラミング教育を含む情報教育関連が重要事項とされている。

なお高等学校では，科目の再編や新設が大きく進められた。「歴史総合」「地理総合」，また「公共」の新設が行われた。その他として，「理数」が共通教科として位置づけられ，「総合的な学習の時間」は「総合的な探究の時間」に名称が改められた。

社会状況の変化と社会からの要請によって，小学校から高等学校まで，今後も教育内容の増大が予想されることから，注意深く動向をとらえておくことが必要となろう。

5 │ 教育の内容と教育課程改革にかかわる今後の課題

a. 教育内容における「基礎・基本」および教科にかかわって

「基礎・基本」という言葉が広く用いられるようになったのは，1977（昭和52）年の学習指導要領改訂からである。その後の学習指導要領の改訂に際しても，基礎学力とは何か，という問いとともにつねに問題とされてきた。教育内容の精選・厳選が検討されてきたが，これは教える内容をただ削減すればよいという問題ではない。文化遺産の中から適切に教育内容を選択することはもちろんのこと，今日の科学や学問，また社会状況をふまえながら，真に生徒に必要な教育内容の「基礎・基本」の内実をとらえていくことが重要である。

また，教科等横断的な学習を通した汎用的な能力の育成がめざされているが，「教科等の本質に関わるもの（教科等ならではの見方・考え方など）」により焦

点をあて，各教科等を学ぶ本質的な意義を明確にとらえていくことが重要になる。

b.「社会に開かれた教育課程」およびカリキュラム・マネジメントにかかわって

「よりよい学校教育を通じてよりよい社会を創るという目標を共有し，社会と連携・協働しながら，未来の創り手となるために必要な資質・能力を育む社会に開かれた教育課程」を実現するという理念は非常に重要である。しかし，ミクロな視点から考えると，今日の働き方改革が強調される動向からも推察できるように，社会の人々，保護者は多忙を極めていると思われる。地域の実情を把握し，学校と地域・保護者が信頼関係を築きつつ，一歩ずつ進めていくことが重要になる。

カリキュラム・マネジメントとは，学校長のみが主体となって行うものではない。教職員一人ひとりが子どもの資質・能力の育成の重要性を認識し，そのための方略を教職員全員で考え共通理解し，組織として進めていくことが重要である。

c. 資質・能力の育成のための授業改善および校種間連携にかかわって

子どもたちの資質・能力を育む主たる場は，学校での授業の中においてである。学習指導要領が変わり，新しいキーワードが多々出てきているとはいえ，子どもの主体性を大切にした対話的な学習や地域社会との連携，また授業改善への取り組みなど，わが国のこれまでの教育実践の中で行われてきたことである。過度に新しい方法を模索するのではなく，これまでに蓄積してきたものを再確認し活性化していくという視点をもつことが大切となろう。教員同士の授業参観や校内授業研究を通して進めていくことが重要である。ただし，中等教育学校では，部活動や生徒指導等の指導で十分な授業研究の時間を確保することが難しい状況がある。カリキュラム・マネジメントの視点から，対応していくことが今後ますます求められる。

近年，教科の専門性の視点から，中学校教員が小学校で教科の授業を行うことも増えてきている。今後，教科担任制への移行も想定されている。校種を超

えての情報の共有，また合同での授業研究が重要になってくる。

d．これからの教育改革に向けて

学校で何を教えるのか，また，何を基準として教育内容を選択するのかが，教育課程研究における重要な課題である。

本章では，アメリカのカリキュラム改革の歴史や日本の学習指導要領の変遷もみてきたが，ここで明らかになったことは，生徒の興味や関心を中心とした教育を志向するのか，それとも「学力」の向上を志向するのか，という点で，教育内容や教育課程改革の方向性は大きく変わってくるということであった。

こうした歴史にも学びつつ，また，その時々の社会状況や生徒状況を的確に把握しつつ，そのうえで，一人ひとりが楽しく生き生きと学ぶことができ，確かな資質・能力（コンピテンシー）を身につけることができ，個性を活かすことができるような教育内容，教育課程改革を進めていくことが重要なのである。

引用・参考文献

1) 安彦忠彦『教育課程編成論——学校で何を学ぶか』放送大学教育振興会，2002年
2) 石井英真『今求められる学力と学びとは——コンピテンシー・ベースのカリキュラムの光と影』日本標準，2015年
3) 国立教育政策研究所編集『資質・能力［理論編］』東洋館出版社，2016年
4) 柴田義松『教育課程——カリキュラム入門』有斐閣，2000年
5) 田中耕治他『新しい時代の教育課程』有斐閣，2005年
6) 田村知子『カリキュラムマネジメント——学力向上へのアクションプラン』日本標準，2014年
7) 奈須正裕『「資質・能力」と学びのメカニズム』東洋館出版社，2017年
8) 日本カリキュラム学会編集『現代カリキュラム事典』ぎょうせい，2001年
9) 文部科学省『中学校学習指導要領（平成29年告示）解説　総則編』東山書房，2018年
10) 文部科学省『高等学校学習指導要領（平成30年告示）解説　総則編』東洋館出版社，2019年

4章

中等教育の方法

1 | 教育方法の歴史

　教育方法の歴史をみると，子どもの人間的な発達可能性に重点を置く立場（ルソー，ペスタロッチなど）と，国民教育の発展にともなって，国家・社会の発展に奉仕する人材の育成に重点を置く立場（ヘルバルト学派や助教法など）に分けることができる。前者は，子どもの自然の本性を尊重し，直観教授や問題解決学習など，子どもの発達を保障する多様な学習方法を展開しようとするのに対し，後者は，一斉教授法を中心に国民教養としての知識・技能の効率的習得を重視する立場といえる。

a．コメニウスの事物教授

　近代教育学の父といわれるのが，モラビア（現在のチェコ共和国）のコメニウス（Comenius, J.A. 1592-1670）である。彼は，民衆を対象として，近代的な公教育としての学校制度を構想した。

　彼の民衆教育の目的は，あらゆる人にあらゆる知識を授けることにある（汎知主義）。そのための指導原理は，『大教授学』（1632）に記述されており，あらゆる知識は「書物ではなく感覚から」「言葉より事物を」という感覚主義，事物主義の教授（事物教授）を重視している。感覚主義，事物主義にもとづく世界最初の絵入り教科書が『世界図絵』（1658）である。また，多くの知識を多くの子どもたちに授けるべく，「学級」による「一斉教授」の方式を提唱した。

b．ペスタロッチの直観教授

　コメニウスの事物主義，感覚主義の教授法を継承・発展させたのが，スイス

の教育者，ペスタロッチ（Pestalozzi, J.H. 1746-1827）である。

彼は，子どもの自然の本性とその発達法則に従った教育の必要性を主張した。その思想は，フランスの思想家ルソー（Rousseau, J.J. 1712-1778）の，自然の本性に従った消極教育の考えにもとづいている。ルソーは，人間には自然の本性があり，それを発展させることが教育の本質であるとする自然主義の教育観を主張した。ペスタロッチは，教育の目標を「頭（知的能力），心（道徳的能力），手（技術的能力）」の調和的発達に置きながら，ルソーの「合自然の教育」の考えから，直観の原理を導き，感覚的な直観から明瞭な概念の形成へと向かう「直観教授」という方法原理を提唱した。そして，「数，形，語」を直観の三要素とする基礎教授の考えを提唱する。その思想は，『隠者の夕暮れ』(1780)，『白鳥の歌』(1825) などの多くの著作に示され，シュタンツの孤児院（1797-1799），ブルクドルフの学校（1799-1804），イヴェルドンの学校（1805-1825）で行った彼自らの実践にも反映されている。

c. ヘルバルトの形式的段階

ペスタロッチの影響を受けつつ，その直観教授，基礎教授の方法を学問的に体系化したのがドイツの教育学者ヘルバルト（Herbart, J.F. 1776-1841）である。

彼は，教育の目的を「倫理学」に，その方法を「心理学」に求めて教育学を体系化した。その考えは，彼の主著『一般教育学』(1806) に表れている。そこでは，知識の習得と人格形成の統一こそが教授論の本質であるとする「訓育的（教育的）教授（erziehender Unterricht）」という概念を提唱している。つまり，教授は，知識・技能の習得のみを目的とするのではなく，その習得の過程で道徳性，社会性，規範性などの人格形成も実現されなければならないと考えたのである。

ヘルバルトは，ペスタロッチの「直観から概念へ」といった認識の形成過程を，当時の心理学における「興味」の原理に即して体系化した。すなわち，対象に没入する興味の作用である「専心」と，多くの表象を総合し一般化する興味の作用である「致思」の過程として大きくとらえた。「専心」と「致思」は，それぞれ2つに分けられ，「明瞭」「連合」「系統」「方法」の4段階としてまとめられた。この「明瞭－連合－系統－方法」の4段階の認識過程を経ることで，

子どもに科学的認識が形成されると考えたのである。

ここでは，子どもの「興味」をいかに心理的に引き出して，認識形成の4段階をふまえて指導していくかが教師に求められることになる。

d. ヘルバルト学派の5段階教授法

ヘルバルトの認識の4段階は，19世紀後半に，ヘルバルト学派と呼ばれる継承者たちによって発展させられ，やがて形式的かつ画一的な教師の教授手続きを生み出し，国民教育の構築と学校教育の制度化を促進する役割を果たす。それが，ライン（Rein, W. 1847-1929）やチラー（Ziller, T. 1817-1882）らによる「5段階教授法」であり，以後，この方法は広く世界的に普及していく。

とくにラインの教授理論は，ヘルバルトやチラーが子どもの興味の心理的過程として提示した段階を，教師の教授活動の手続きを示す5段階に改変した点に特色をもつ。その手続きは，教師が冒頭で教授内容を示す「予備」，冒頭に示した教授内容を説明し伝達する「提示」，過去に教えた内容と比較する「比較」，当該時間に教えた内容をまとめる「総括」，教えた内容をもとに応用定着を図る「応用」の5段階にまとめられている。

これが，ラインの5段階教授法であり，「予備－提示－比較－総括－応用」から成る教授手続きである。

もともと，ペスタロッチの「直観から概念へ」といった子どもにとっての学びの過程は，ヘルバルトによって，子どもの「興味」を出発点とする認識形成の心理的過程として一般化された。しかし，ヘルバルト学派のラインにいたって，教師の教授手続きへと矮小化され，画一化・技術化されていくと同時に，授業の効率化・形式化に貢献することになる。

わが国でも，東京帝国大学に招聘されたドイツのハウスクネヒト（Hausknecht, E. 1853-1927）によって，1890年代（明治中期）以降，5段階教授法は広く普及していく。今日も，授業展開が「導入－展開－まとめ」の3段階として構想されるのも，その影響である。

e. 一斉教授の普及におけるモニトリアル・システム

コメニウスによって構想された「一斉教授法」は，近代学校制度の確立と国

民教育制度の成立にともなって、19世紀半ば以降、急速に進展する。

とくに、イギリスのベル（Bell, A. 1753-1832）とランカスター（Lancaster, J. 1778-1838）の開発した「モニトリアル・システム（助教法）」により、一斉教授はいっそう浸透していく。

「モニトリアル・システム」とは、まず年長で比較的優秀な子どもに教師が教授し、その子どもが教師の言葉を復唱し他の子どもたちに教授するという方法である。

この教授法は、18世紀後半のイギリスにはじまる産業革命後の大衆教育の必要性から生まれ、一度に多くの子どもたちに効率的に、読み書き計算などを教えることを可能とした。すなわち、社会安定のための日常道徳と、読み書き計算が可能な程度の従順な労働力を確保したいという国家・社会的要請に応えるための効率的・経済的な教育方法として普及していく。

f．デューイによる子ども中心の活動・経験重視の教育

19世紀後半に確立されていく公教育制度と学校制度は、一斉教授法の浸透の中で、その画一性や硬直性が批判され、子ども中心の「新教育運動」と呼ばれる学校改革・教育方法改革の動きが世界的に広まっていく。

そのような新教育の動きを理論的に基礎づけ、実践化した人物の一人に、アメリカの教育哲学者デューイ（Dewey, J. 1859-1952）がいる。

デューイは、これまでの一斉教授に典型的であった、教師が同一の教科内容を一斉に、一方的に伝達する様式に変えて、子どもの興味や関心にもとづく、観察・実験・調査などの活動と体験を組織した創造的で共同的な学習の必要性を説いている（『経験主義』の教育理論）。その理論は、シカゴ大学に設立された附属実験学校（1896-1904、デューイ・スクールとも呼ばれる）において実践された。そこでは、「オキュペーション」と呼ばれる、織物、裁縫、料理、木工などの創造的な作業をカリキュラムの基本単位としている。その目的は、学校教育と社会生活との連続性を実現することであり、知性と社会性を全体的に発達させることであった。この実験学校の様子は、彼の主著『学校と社会』（1899）に紹介されている。デューイが学校を「学びの共同体」として構築しようと考えたのも、共同的な社会生活と学校教育との連続性を意識したか

らであった。
　この経験主義の教育は，キルパトリック（Kilpatrick, W.H. 1871-1965）によって，「プロジェクト・メソッド」として発展した。

2 │ 教育方法の類型と特質

a．組織面からの教育方法の類型

　教育方法は，その組織面から，(1)一斉学習，(2)小集団学習，(3)個別学習に分類できる。
　(1)一斉学習は，1人の教師が，多くの子どもたちに共通の内容を，共通の方法で教える場合をいう。講義法にみられるように一定の教育内容を同時に伝達する場合によく用いられる。長所は，少ない時間で多くの内容を体系的に，多くの子どもたちに効率的・経済的に教えることができることである。短所は，学習者が受身的・消極的になりやすい，学習者個々に応じた指導を行うのが難しい，などがあげられる。
　(2)小集団学習は，少人数のいくつかのグループや班などに分けて，グループごとに共同で学習する場合をいう。多人数の一斉学習における形式的・受身的な学習を克服するためにも用いられる。その長所は，共同で学習することにより，他者の考えや多様な意見にふれて思考が深まる，少人数のため自由に意見を言いやすく学びやすい，協調性や社会性を育成できる，などである。短所は，民主的な集団でない場合には特定の者に依存して各自の思考が発展しにくい，集団ごとに応じた適切な指導が難しい，などがあげられる。
　この類型に属する学習法として，たとえば，アメリカのフィリップス（Phillips, J.D.）による「バズ学習」(6－6討議法ともいわれ，子どもたちが6人程度の小グループに分かれて，グループごとに6分間の討議を行うことを基本とする，小集団学習に討議法を組み合わせた方法）や，アロンソン（Aronson, E. 1932- ）による「ジグソー学習」（学習班の個々のメンバーが分担した課題ごとに分かれ，新しい追究班に入る。追究班ごとに分担した課題について調べ，発表も同じ程度にできるように練習した後，それぞれが元の学習班に戻り，わかったことを

伝え合うという学習形態。一人ひとりがジグソーパズルの1ピースのような役割を果たすことになる）などがある。

　なお，今日，学力向上のために，小集団学習の1つの形態として，「少人数指導」が取り入れられることが多い。これには，さらに3つの形態が考えられる。①単純分割小集団（学力やテーマを問わず，機械的に小集団に分割編成する場合），②テーマ別小集団（子どもが選択したテーマや学習課題ごとに集団編成する場合），③習熟度別小集団（学力の程度に応じて集団編成する場合）である。最後の，習熟度別小集団にもとづく指導（習熟度別指導）は，すでに，高等学校（1978〈昭和53〉年改訂学習指導要領から明記）や中学校（1989〈平成元〉年改訂学習指導要領から明記）では実施できることが明示されている。また，小学校でも，2003（平成15）年の一部改訂学習指導要領の総則において，「学習内容の習熟の程度に応じた指導」の推進が明記され，2008（平成20）年3月改訂の学習指導要領でも引き続き規定されている。そして，2017（平成29）年3月改訂の小学校および中学校学習指導要領では，「学習内容の習熟の程度に応じた学習」という表現で，「指導」を「学習」に置き換えているが，基本的な考え方を継承している。2018（平成30）年3月改訂の高等学校学習指導要領でも，同じく「学習内容の習熟の程度に応じた学習」と表記されている。

　この習熟度別指導については，学力水準に応じたきめ細かい指導が可能になるともいわれ，算数，数学，外国語等の教科での導入がよくみられる半面，子どもたちに優越感・劣等感などの差別意識が生じやすい，多様な学力の子どもたちが共同で学び合う中で育つべき協力や協調の精神を培いにくい，などの短所もある。

　(3) 個別学習は，各学習者が自分のペースに応じて学習を個別的に進めていく場合をいう。アメリカのスキナー（Skinner, B.F. 1904-1990）が開発した「プログラム学習」も，行動科学にもとづく個別学習の方法である。

　長所は，一人ひとりの能力や興味・関心に対応できる，個に応じたきめ細かな指導ができる，などである。短所は，1人の教師で学習者全員に対応するのには労力と時間がかかる，社会性や共同性が育ちにくい，集団思考を深めにくい，などがあげられる。

　これらの組織方法は，そのいずれにも長短があり，これらの方法を教科や場

面に応じて多様に取り入れつつ授業を展開していく工夫が求められる。

b. 活動面からの教育方法の類型

教師と学習者である児童・生徒の外的な活動面からは，大きく，(1)講義型，(2)問答型，(3)問題解決型の3つに分けることができる。

(1)講義型は，教師が学習者に教材を説明し知識を伝達するという方法である。具体例として，内容の客観的な理解をめざして講話する講義法がある。これは，知識の体系的な伝達には優れた方法であり，今日も高度な専門的知識の習得のために用いられやすいが，学習者が受身的になりやすい欠点がある。

(2)問答型は，教師が求める正答を学習者に問うという一問一答式の方法もあるが，今日では，教師と学習者，学習者相互に意見や考えを交流し，教え合い，学び合い，考え合うという相互応答関係の中で，学習者の社会性や論理的な思考力を培う対話式の方法として理解される。その具体例として，学習者相互間の集団思考を活性化させる発問法，つまずきからはじめる授業，相互に議論し合う討議法，形式的に肯定と否定に分かれて立論・質疑・反論を交互に行うディベート，などがある。

(3)問題解決型は，学習者が教師の援助を受けつつ，自主的に問題を選択し，解決する過程で，知識や技能を習得する方法である。その具体例としては，自分で関心あるテーマを決めて探究活動を行う「プロジェクト・メソッド」や問題解決学習などがあげられる。1998（平成10）年の学習指導要領改訂で設けられた「総合的な学習の時間」は，環境・国際理解・情報・福祉などの現代的課題や子どもたちの興味・関心に応じた課題などが取り上げられており，この問題解決型の教育方法が用いられることを想定している。

2017（平成29）年，2018（平成30）年の学習指導要領改訂に際して強調された，いわゆるアクティブ・ラーニング型の授業は，上記の(2)(3)の類型に該当する。

これらの学習方法は，学習内容や場面に応じて多様であり，学習者の認識の深化と，社会性・共同性を育むために，どのような方法が適切かを，教師が十分に考慮して授業を構想することが求められる。

c. 学習内容面からの教育方法の類型

学習内容面からは，(1)系統学習，(2)問題解決学習，(3)発見学習などがあげられる。

(1)系統学習は，科学的な知識・技能の本質を，体系的に秩序立て，教科・教材の論理に従って，計画的・系統的に学習していくという方法である。とくに，学力形成のためには，科学の発展における系統性や体系性をふまえ，それを教科内容において，系統的・体系的に配列・教材化し，習得させることが効果的であるといえる。

(2)問題解決学習は，子どもの現実の生活経験における問題状況を解決するために，具体的な体験や活動をとおして，その問題の解決を探り，その過程を通じて，経験の質を高めながら科学的認識と思考力や社会性を培う方法である。

この学習の背景にはデューイの「反省的思考（reflective thinking）」の考えがあり，「問題状況の確認 − 問題の設定 − 解決のための仮説構成 − 解決方法の吟味（推論）− 結果の検証」といった過程をたどって学習が展開される。

この方法は，子どもの興味や関心にもとづく主体的な学習が行われる反面，体系的・系統的な知識の習得が困難であり，学力低下を招くという批判がなされる。

(3)発見学習は，問題解決学習の方法をとりながらも，学習者に知識が生成してきた過程を追体験させ，系統的・体系的な知識や技能を学習者自身が自発的に発見するように組織する方法である。つまり，基本的かつ体系的な知識を，学習者自身が自発的に問題意識をもって学習する方法で，発見の過程で学習者は仮説検証的な手続きや帰納法的手法を学んでいく。いわば，系統学習と問題解決学習の双方の長所を取り入れた学習方法である。

発見学習は，アメリカのブルーナー（Bruner, J.S. 1915-2016）が，1960年代はじめに，その著『教育の過程』(1961)の中で主張し広まった学習方法である。

わが国でも，昭和20年代はじめのアメリカ占領下での「戦後新教育」の時期に，問題解決学習に代表される経験主義の教育が主流となったが，学力低下を招くという批判を受け，系統学習へと移行していった経緯がある。そして，系統学習による暗記中心，詰め込み教育の弊害を受けて，両者の統一ともいう

べき発見学習がわが国でも注目された。

3 ｜ 授業の構造と指導原則

a. 授業の構成要素

　授業とは，教科内容の習得をめぐって展開される，教師と子どもとの相互応答的な過程である。

　このように授業は，「教師」「子ども」および教科内容の象徴である「教材」の3つを構成要素とする（図4-1）。その場合，授業では，教師の働きかけにより，「教師が教えたいもの」を「子どもが学びたいもの」へと転化させることが大切になってくる。

　「教師が教えたいもの」を「子どもが学びたいもの」へと転化させるために，まずは，教師は教材解釈，教材づくりに努め，子どもの驚きや疑問や興味を引き出すために，また，思考を揺さぶり，みんなで考えるきっかけを与えるために発問づくりに努めるのである。

　このように教師の教えたい・伝えたい内容を，子どもの学びたい・知りたい内容へと転化させることが教師の指導の本質であり，その意味での教授行為（教え）と学習行為（学び）の統一（「教授＝学習過程」）こそが授業成立の真の姿である。

　したがって，教師だけが一方的に教えたい内容を伝達する管理注入の教育，あるいは，子どもだけが学びたい内容を自由に学ぶような，教師の指導なき自由放任の教育のどちらも真の授業とはいえない。

　その際，教師と子どもの一対一型のやりとりではなく，教師の発問を媒介に，子どもたち相互に，教師の問いをめぐって，思考がつながり広がっていくような，集団思考の組織化としての学習の協同化が求められる（図4-2）。

　また，子どもたちは，教材を中心とした学習内容を，教師の指導によって，対象から直接学ぶほかに，社会的・文化的な状況のもとで，仲間である子どもたちと一緒に活動し，学び合う関係を通じて，対象の認識をより深めていくことができる（社会的構成主義の学習論）。近年，デューイやロシアの心理学者ヴィ

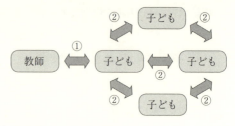

① 「教師−子ども」のかかわり
② 「子ども−子ども」のかかわり
①を媒介とする，②の子ども相互の協同関係の構築

図4−1 授業の構成要素　　　　図4−2 教師の指導の構造
　　　　　　　　　　　　　（子ども相互の関係を媒介とする指導：学習の協同化）

ゴツキー（Vygotsky, L.S. 1896-1934）の再解釈を通じて，子どもが他者と協同し，対象とかかわりながら，内省的に認識を再構成する，いわゆる，ヒト・コト・モノとの多様なかかわりを通じた学びを実現するための指導の構築が求められている。

b. 授業の指導原則

授業の指導原則として，ここでは主なものを3つあげる。(1)自発性の原則，(2)系統性の原則，(3)具体性の原則である。

(1)自発性の原則は，子ども自身の興味・関心などの自発性こそが，学習の基盤に据えられるべきであるとする原則である。この原則に従えば，子どもの自発的な興味や学習意欲をいかに喚起するかが，授業を成立させる条件となる。ヘルバルトが，学習者の興味を基礎に認識の段階を導いたり，デューイが，学習者の具体的な興味・関心にもとづいて問題を設定し，その解決に向けて探究活動を行うという「問題解決学習」を主張するのも，この原則の表れである。

(2)系統性の原則は，授業における教科内容，単元，主題，教材，指導方法などについては，学習者の連続発達に対応した系統性や発展性が求められるという原則である。学習者の認識の発達に応じて，具体から抽象へ，単純から複雑へ，などの教材配列の系統性が考慮されたり，学習者の認識形成の発展をふまえた教授方法を取り入れたりする。ペスタロッチの「直観から概念へ」の

方法や，ヘルバルト学派の5段階教授法もこの原則の表れである。このことは，今日では，中等教育学校や義務教育学校の制度化などにみられるような中高一貫や小中一貫教育の動きなどとも相まって，校種間をつなぐカリキュラム開発の際に求められる原則でもある。

(3) 具体性の原則は，抽象的な言語のみの講義形式ではなく，具体的な体験や直観などの感覚作用を駆使しながら学習を進めるという原則である。

具体的な体験や活動をとおしてこそ，学習者にとって身近なものとして学習が成立するという考えに立つ。コメニウスやペスタロッチなどの事物教授，直観教授の方法，デューイの活動中心の単元構成などは，この原則の表れである。

4 │ 教育方法改革の動向と特質

a. 学力形成の方法論をめぐる改革
── 「わかる」「できる」「使える」（「習得・活用・探究」）の統一

学力に関して，従来，中学校や高等学校では，高校受験・大学受験のための，いわゆる受験知に特化した学習指導が行われがちで，正解を導くことはできるが，なぜその正解となるのかの十分な理解が乏しいといわれてきた。公式・定理・概念・歴史年号・歴史的事実などについて，文脈から切り離して，その解法技術や結果としての知識だけを覚える学習スタイルは，本質的な理解・事象相互の関連・社会や日常生活との接続などを欠く場合もみられる。

そのため，多くの研究者・実践家の間では，受験を乗り切るための単なる知識・技能の習得ではなく，社会的・生活的な文脈との関連，実体験や活動および実験などをとおした探究的な学びの必要性が指摘されてきた。そして，結論としての正解を出せるだけでなく，なぜその結論になるのかの考え方の筋道を理解すること，その結果，未知なる課題にも応用・活用し解決できる力こそが，本当の学力であるともいわれてきた。

それをふまえれば，今日の学力形成について，いわば，知識を詰め込み正解を出せる（「できる」）だけではなく，自分で考え，探究しつつ十分な理解をふまえたうえで知識や技能を獲得する（「わかる」）こと，さらに生活場面や自分の生き方に活用できる（「使える」）ことの，3つの統一としてとらえることが

課題であるといえよう。

　このことは，今日の教育課程改革においても課題として意識されている。今，日本の子どもたちの学力をめぐる特質として，国内外の学力調査，とくに，OECDの学習到達度調査（PISA調査）の結果からうかがえるように，知識や技能を活用する力に課題があることが指摘されている。その実態をふまえて出された，2008（平成20）年の中央教育審議会答申「幼稚園，小学校，中学校，高等学校及び特別支援学校の学習指導要領等の改善について」では，まず「学力」を，2007（平成19）年改正の学校教育法第30条第2項，第49条，第62条に即して，①基礎的・基本的な知識・技能の習得，②知識・技能を活用して課題を解決するために必要な思考力・判断力・表現力等，③学習意欲，の3要素として明示した。同答申はそのうえで，とくに，教科では，基礎的・基本的な知識・技能の習得と，思考力・判断力・表現力等を育むために，観察・実験，レポートの作成，論述など，知識・技能を活用する学習活動を充実させ，それを総合的な学習の時間における教科等を横断した課題解決的な学習や探究活動へと発展させることの必要性が指摘されている。その際，各教科での習得や活用と総合的な学習の時間を中心とした探究は，決して1つの方向で進むだけではなく，たとえば，知識・技能の活用や探究がその習得を促進するなど，相互に関連し合って伸ばしていくものと付記されている。

　この考え方が，2008（平成20）年（幼・小・中）および翌年（高・特別支援）の学習指導要領改訂においても反映され，いわゆる「習得」-「活用」-「探究」の相互関連を意識した学力形成の指導の在り方として強調されている。この理解は，1998（平成10）年の学習指導要領改訂に際していわれた，「生きる力」を育むという理念のもとで指摘された学力のとらえ方と異なるものではないとされる。ここにも，なぜそうなるかを考え理解する過程こそが重要であり，その過程で獲得された知識・技能や思考力・判断力・表現力等を応用・活用しながら，子どもたちが今後生きるうえで直面するさまざまな課題や問題を，主体的に探究し解決できる力こそが求められていることがうかがえる。

　さらに，2016（平成28）年12月の中央教育審議会答申「幼稚園，小学校，中学校，高等学校及び特別支援学校の学習指導要領等の改善及び必要な方策等について」，およびそれをふまえて改訂告示された2017（平成29）年3月の

中学校学習指導要領（ちなみに小学校は同じ時期に改訂告示，高等学校は翌2018〈平成30〉年に改訂告示された）においては，子どもに育む「資質・能力」を明確化するよう求めている。子どもに育む「資質・能力」については，学力の3要素との対応をふまえながら，「知識・技能」「思考力・判断力・表現力等」「学びに向かう力・人間性等」という3つの柱で規定している。この「資質・能力」の3つの柱を各教科等で育むための授業改善の視点が「主体的・対話的で深い学び」（別の言い方をすれば，「アクティブ・ラーニング」の視点）である。そして，ここにいう，「深い学び」は，先に挙げた「わかる」-「できる」-「使える」の統一的な学びとほぼ同義ということができる。

b. 学力形成の方法論をめぐる改革 ── 学習の共同・協同化

子どもたちの可能性を引き出すために，個性を尊重する教育が必要であることは否定できない。しかし，今日の，新自由主義の教育領域への浸透による競争主義の徹底と教育格差の拡大といった社会状況のもとでは，とくに受験にしばられがちな中学・高校での個性化・個別化の教育は，むしろ，個性を固定化してとらえ，結局は，子ども個々の序列化と，自分さえできればよいという自己中心的な人間形成に陥る排他競争的な学習や生活を助長する傾向もある。

学習の際には，自分一人でじっくり考える場を保障する「個人学習」も必要である。しかし同時に，学級や学習集団を基礎に学ぶことの意味は，個人差や学力差を超えて，多様な子どもたちが交流し学び合うことを通じて，理解を容易にし，科学的な認識の質を深めうる点，および，そのような学習でのかかわりを通じて，互いの人間的な違いを理解し合い，協調性と社会性を備えた人間形成にも寄与しうる点にある。

それが，子どもの人格の完成をめざしつつ，子どもの個性尊重を基本に，学習の集団化と共同（協同）化が求められる理由である。そのような観点から，今日，互いが相互に学び合う学習形態としての「共同（協同）学習」の必要性が，中学・高校においても，今後の教育方法上の課題としてあらためて指摘される。

もっとも，わが国では，1960年代半ば以降，授業理論や授業研究の発展にともなって，「学習集団（づくり）」といわれる独自の理論と実践もみられる。それは，競争主義的な学習とそれによる子ども相互の孤立・分断化に対抗して，

すべての子どもがわかるための学習権保障をめざした教育方法論である。たとえば，全員の主体的参加，自主的・共同的な学習規律づくり，発問による集団思考の組織化などを重視している。そこでは，学び合う関係を通じて，本質的により深い理解が可能になるという学習保障の側面と，協調的で社会性ある良好な人間関係の構築に資する側面，さらに，集団それ自体の民主的・自治的な質的変革をめざすという側面が意識されている。

このような，学習の共同（協同）化は，現代の国際的な教育動向においても課題として意識されている。

2008（平成20）年（幼・小・中）および翌年（高・特別支援）の学習指導要領改訂の当時から，今日までの教育課程改革の動きに大きな影響を与えたものに，OECDの考え方がある。OECDでは，これからの知識基盤社会に対応できる国際的にも通用可能な主要能力として，「キー・コンピテンシー」を想定する。「キー・コンピテンシー」は，具体的には，①道具（知識・技能・情報・記号等）を相互作用的に用いる，②異質な集団で交流する，③自律的に行動する，の3つのカテゴリーから構成される。①は，いわゆる「活用力」ともいわれる「リテラシー」を含むものであり，とくに，読解リテラシー，数学リテラシー，科学リテラシーについて，その到達度を測定した調査が，PISA調査である。

一方，③の個々人の自律とともに指摘されるのが，②の異質な集団での交流である。ここから，小学校から中学・高校・特別支援学校にいたるまで，応用活用力としての「リテラシー」を中心とした「学力」形成が求められるとともに，個人的側面として，個々人の学習者の自律性や自治能力の形成，および，社会的側面として，とくに，異質な集団で交流する場を教育活動に創り出し，社会性や協調性，関係調整力などの形成が求められる。これらのつながりをふまえ，2015年のPISA調査では，協同問題解決能力を測るための調査が実施されたことも，多様な人々とのかかわりをとおしてこそ学習は成立しうることを示すものであろう。

また，今回の2017（平成29）年3月の中学校学習指導要領改訂（小学校も同じ），および2018（平成30）年3月の高等学校学習指導要領改訂で示された授業改善の視点である「主体的・対話的で深い学び」についても，先の「キー・コンピテンシー」の考えを応用させたものととらえることができる。そして，今後の新学

習指導要領の趣旨をふまえた学習指導の方法としても「対話的学び」に象徴されるように，多様な他者との協力・協働による学びは不可欠の要素となっている。

このように，教育方法として，学習者の自主的・主体的な学習，自己決定的な学習が求められるとともに，グループや班なども活用し，多様で異質な他者とかかわる共同（協同）学習を積極的に取り入れることが，今日の課題ともなる。

したがって，これからの AI 時代の到来を含む，将来予測が困難で，多様性にもとづくグローバル社会において，子ども相互のかかわりを重視する，多様な生活や学習の共同（協同・協働）化が，今後よりいっそう要請される。

5 これからの教育方法の課題

最後に，これからの中等教育における教育方法の課題をまとめる。第1に，理解に支えられた知識・技能の習得と子どもの主体的な活用探究との統一を保障することである。つまり，具体的な生活や既有経験に即した知識・技能の活用を意識し，生活場面や具体的活動の中で，子どもが思考し探究し理解するプロセスを通じて知識・技能を習得していく学習を組織することである。

第2に，教育活動全般における「共同（協同）」の重視である。集団としての共同（協同）活動を保障しながら，子どもたちの自治的能力の形成をめざした指導が求められる。すべての子どもにとって，わかる授業と学力保障をめざして，協力して学び合い，共同で考え合うといった「共同（協同）探究学習」を重視することは，あわせて，学習活動を通じての協調性・社会性といった人間形成にも寄与しうる。

第3に，学習指導や教科外活動も含めた教育活動の多様な場面における，子どもたちの主体的な「参加（参画）」を保障することである。

「参加（参画）」の段階には，たとえば，①教師全面決定型，②教師決定・子ども関与（選択）型，③教師と子どもの共同決定型などが考えられる。これまで，①のように，教師中心であった教育を，中等教育に即した子どもの発達や実態，地域や学校の実情などに応じて，②や③のように，子どもの意見や要求を取り入れた活動や，子ども自身も決定にかかわる場面を増やすことである。

また，参加の局面についてみれば，たとえば，学校での生活や学習における

課題設定や活動計画策定への参加，活動の評価・改善への参加なども考えられる。

このように，活動・探究，思考・理解，知識・技能の有機的統一と，それらを含めた教育活動の共同（協同）化と子どもの参加・参画が，これからの教育方法上の課題といえる。

そして，上記の第1，第2，第3の課題を意識した教育方法および授業改善の視点が，新学習指導要領で強調される「主体的・対話的で深い学び」である。

学校のみならず家庭や地域など，さまざまな人々とかかわり，さまざまな地域素材や幅広い学習材を内容に，学校教育を通じて学んだことが将来の社会に生かされるような「資質・能力」を子どもたちが育んでいくこと，そのために，「主体的・対話的で深い学び」を意識した，多様な教育方法を子どもたちに即して，子どもたちとともに開発し，実践していくことが求められているといえよう。

引用・参考文献

1) 岩垣攝・豊田ひさき編集『授業と学習集団――学級の教育力を生かす　吉本均著作選集1』明治図書出版，2006年
2) 教育課程研究会編集『「アクティブ・ラーニング」を考える』東洋館出版社，2016年
3) 国立教育政策研究所編『資質・能力［理論編］』東洋館出版社，2016年
4) 子安潤『「学び」の学校――自由と公共性を保障する学校・授業づくり』ミネルヴァ書房，1999年
5) 佐伯胖・藤田英典・佐藤学編集『学びへの誘い――シリーズ学びと文化(1)』東京大学出版会，1995年
6) 佐藤学『教育方法学』岩波書店，1996年
7) 柴田義松編著『授業改革を目指す学習集団の実践――中学校』明治図書出版，2005年
8) 柴田義松『21世紀を拓く教授学』明治図書出版，2001年
9) 田中耕治編集『よくわかる授業論』ミネルヴァ書房，2007年
10) 日本教育方法学会編集『現代教育方法事典』図書文化社，2004年
11) 日本教育方法学会編集『教育方法学研究ハンドブック』学文社，2014年
12) ライチェン，D.S.・サルガニク，L.H.編著，立田慶裕監訳『キー・コンピテンシー――国際標準の学力をめざして』明石書店，2006年

5章

学級・ホームルーム経営

1 学級・ホームルームとは

a. 学級とホームルームの違い

　この書をひもとく大学生以上の方であれば，学級やホームルームについての思い出のない人はいないであろう。同窓会も学級・ホームルーム単位で催される場合が少なくない。ともに学び，生活した文字どおり学校の中の家庭のような役割を果たしていたのが学級やホームルームだからである。とはいっても，学級やホームルームは，単に生徒が集まってきているだけの集合体ではない。ともに学び，生活するといっても基本的にはホームとは異なり，それらが学級ないしホームルームという公式の集団に組織されて主として学習指導，生徒指導が行われる場である。

　小学校や中学校では，学校での子どもの基礎的な生活集団としての機能を果たしているのは学級であるが，高等学校ではホームルームである。学級は，ホームルームに比べ歴史は古く，すでに17世紀の中葉にコメニウスによって構想されていた。その後19世紀初頭のイギリス産業革命期には，ベルやランカスターが助教法（ベル・ランカスター方式あるいはモニトリアル・システムとも呼ばれる）を提唱し，一斉教授の授業組織としての学級が出現した。それは19世紀後半には国民教育制度の発達につれて各国に普及していった。

　ひるがえって日本では，1891（明治24）年に文部省令第12号，「学級編制等ニ関スル規則ノ事」が発布され，そこでは学級について「一人ノ本科正教員ノ一教室ニ於テ同時ニ教授スヘキ一団ノ児童ヲ指シタルモノ」と規定されていた。これも一斉教授のための授業組織を前提としたものとみてよい。

一方，ホームルームの歴史は浅く，1920年代から30年代にかけてアメリカの中等学校で成立した。ホームルームは，もともとアメリカの中等学校で「学習の部屋」の限界を突いて，人間関係を深め，心の安定を図る学校における「家庭の部屋」として発達した。それがわが国の新制の中学校と高等学校に導入されたのは第2次世界大戦後である[1]。その際，多くの学校でホームルームの時間は学級活動とみなされたため，やがてホームルームは学級と同一視されるようになった。その結果，1958（昭和33）年の学習指導要領改訂により，中学校ではホームルームは学級という呼称にとって代わられた。高等学校でのみホームルームが残され現在にいたっている。それは，中学校に比べ選択科目の多い教科担任制や科目選択制の高等学校では授業組織上，生徒の教室移動が多いためと，ホームルーム活動が特定の授業時間帯としてカリキュラムに組み込まれているため，固定クラスルームでの学級経営というイメージになじまなかったからだとみてよい。

しかし，ホームルームは不要であるどころか，高等学校が準義務教育化し，多様な生徒が集まってくるにつれ，生徒指導を主眼とするホームルーム経営の必要性はいっそう高まっているといえよう。

b. 学級・ホームルームの機能

ホームルームは，高等学校ではいったいどのような機能を果たしているのであろうか。ホームルームという集団が備えている機能として，①生徒の活動の基盤としての役割，②生徒指導の基礎的な場，③事務的な仕事が果たされる場，④他の教育活動との相互補完が行われる場，⑤ホームルーム経営を行う場などが一般に指摘されている[2]。

一方，中学校・高等学校に通用する学級・ホームルーム経営の機能については，その教育上の実践的側面を歴史的な流れの中でとらえて次の12点が列挙されている。①管理機能，②生活指導機能，③心理的集団機能，④学習集団の向上機能，⑤学習活動の統合・発展機能，⑥特別活動の母体としての機能，⑦自己教育力育成機能，⑧自治的機能，⑨連絡・調整機能，⑩学校と家庭の教育的連携機能，⑪進路指導機能，⑫情報教育機能がそれである[3]。いずれにせよ，このように多様な機能を有する学級・ホームルームを，いったいどのように経

営したらよいのであろうか。

2 学級・ホームルームの経営

a. 学級・ホームルーム経営の目標

　多様な機能をもつ学級・ホームルームを適切に動かしていくためには学級・ホームルーム担任は，年度当初にまず，学校教育目標や学年教育目標を受けて，それぞれの学級・ホームルーム目標を設定しておく必要がある。経営の指針としての目標がなければ羅針盤なき航海のようなもので，1年間の学級・ホームルーム経営は担任と生徒がめざす達成の目安を見失い，霧海をさ迷いかねない。

　学級・ホームルーム目標を設定するにあたっては，理想的な生徒像や学級・ホームルーム像があげられるが，それらは，ともすると抽象的で，生徒の日常的な感覚からかけ離れたものになりやすい。そこで，学級・ホームルーム目標は，生徒にとってできるだけ具体的な実現できる目安・道筋として目に見えるようにしておくのが望ましい。それには，めざす方向，つまり方向目標を具体的な活動としてとらえて活動目標に仕立て上げ，さらに，どこまで達成するのかという達成目標に組み替える作業が求められよう[4]。一人ひとりの生徒にとって方向目標から入って達成目標へ抜ける道筋が明確にされていくことの教育的意味は大きい。生徒一人ひとりが自己を見つめ，自分なりの達成目標に近づいていくことによって新たな自己の発見や成長のきっかけをつかむチャンスにもなるからである。

b. 学級・ホームルーム経営の計画

　学級・ホームルームの教育目標が設定されると，それを実現するための学級・ホームルーム経営の計画，つまり学級・ホームルーム経営案の作成が課題となる。学級・ホームルーム経営案は，一般的には次のような内容で構成されている。①学級・ホームルームの教育目標および経営の基本方針，②学級・ホームルームの実態，③学習（業）指導，④生徒指導，⑤特別活動指導（行事，委員会活動など），⑥家庭・地域との連携，⑦学級・ホームルーム経営の評価。

学級・ホームルーム担任は，上述のような事項を柱にした年間の学級・ホームルーム経営案を年度の当初に作成する。その作成様式が定まっているわけではないので，このような姿にしたいという学級・ホームルーム像を描きながら，その学級・ホームルームならではの教育目標を見定めていく。それには生徒の実態を的確にとらえ，望まれる方向へと触発するような学級・ホームルーム経営案の作成が求められよう。ところが，生徒の実態や行動の特性・動向をつかむにはある程度の期間を要するので，いったん作成した経営案に固執することなく，学級・ホームルームの絶えざる揺れに寄り添いながら，そのつど，経営案を改善し質的に高めていく必要がある。

3　学級・ホームルーム経営の実践

a. 学級・ホームルーム経営の領域

学級・ホームルーム経営の目標を達成するための学級・ホームルーム経営案が作成されると，それを実践する段階に移る。一口に学級・ホームルーム経営の実践といっても，それはさまざまな領域・事項にまたがっているので，大きく次の4領域に絞ってみてみよう。①基盤経営(学級・ホームルーム目標の設定，学級・ホームルーム経営案の作成，学級・ホームルーム諸活動の組織化，学級・ホームルーム経営の評価と改善)，②カリキュラム経営（学習指導，生徒指導，進路指導のための計画づくり，指導展開づくりなどカリキュラムの編成・実施に関すること），③集団経営（生徒の実態把握，生徒と教師の人間関係づくり，学級・ホームルーム集団づくり，学級・ホームルームの役割分担），④環境経営（教室のハードな環境とソフトな環境の整備，学級・ホームルーム事務，学級・ホームルームと家庭・地域との連携）。

これらの領域を相互に有機的に関連づけ，教育効果を高めるように運営していくのが学級・ホームルーム経営に他ならない。それにはこれら4領域のあらゆる場面に計画（Plan）→実践（Do）→評価（Check）→改善（Action）（以下，P-D-C-Aと略記）というマネジメント・サイクルを活用し，各領域の学級・ホームルーム経営の目標が，どの程度達成されたかを随時点検・評価し，改善し

ていくことが望まれよう。これは、企業経営では目標管理（Management by Objectives）と呼ばれる手法である。

ここでは、まず、カリキュラム経営からみていこう。

b. カリキュラム経営

❶ 学習指導と学業指導

学習指導は、生活（生徒）指導（訓育）とは対照的に、教師が教材を介して生徒の学習活動を計画的・継続的に助けながら導いていくはたらき（教授）である。したがって、教科担任制や科目選択制の中高では学級・ホームルーム担任は自分の専門の教科目の教材には明るいので、この面の学習指導は徹底しうるであろうが、他の科目についてはそうはいかないであろう。そこで、中高の学級・ホームルーム指導では学業指導が前面に押し出されるわけである。

学業指導は生徒指導の一分野であり、学ぶ側の生徒の学習意欲・態度・技術・習慣の向上をねらって援助・指導するはたらきであり、学業不振に陥っている生徒の指導（診断・治療を含む）に限定されてはいない。とくに学級・ホームルーム担任の出番が期待される学業指導は、生徒の全人的な発達の援助、つまり「開発的な指導」[5]である。それによって生徒が、自己主導的学習力を発揮して、主体的・積極的に学ぶ意欲を高めることがねらいである。そのために、学級・ホームルーム担任は、教科担任との連携を深め、生徒に学習のP-D-C-Aを身につけさせたり、予習・復習の習慣をつけ望ましい授業態度を形成したり、学校図書館の利用など必要な学習資料の収集方法についても指導する。これは、一人ひとりの生徒の学業生活の全般的な向上と充実を図るためである。とくに単位制をとる高等学校では、生徒が自主的に教科や科目を選択して履修する場合が少なくないので、選択を誤れば、学業不適応・不振を引き起こすおそれがある。そこで生徒が科目選択を適切にするように指導するが、それでも学業の半ばでつまずいたり、投げ出したりする生徒もみられる[6]。その際、早急に学業不振の原因や理由を突き止め、生徒の不適応の解消を図り、改善への指導をするのも学業指導である。

以上のような学業指導の内容を計画的に行い、教育効果を高める手だてをするのが学業指導の経営である。それには、学級・ホームルーム担任は、生徒の

学業成績などにつねに注意しながら適宜，生徒との面談という形をとって学業指導を深めていく。その過程で学業不振の生徒や欠課の多い生徒が見つかった場合には，担当教科の教師や保護者とも連携をとって，生徒の指導に当たる。中間テストや期末テストの結果をふまえて学業指導を行う。

これら学業指導にかかわる各種の実施計画をあらかじめ学級・ホームルーム経営案の中に組み込んでおくのが望ましい。つまり，P-D-C-Aのサイクルに乗せた学級・ホームルームにおける学業指導の経営が求められているとみてよい。

❷ 生徒指導

生徒指導は，学校レベルのものと学級・ホームルームレベルのものとに大別できよう。前者については，校内で組織された生徒指導部が，学校全体の生徒指導計画を立てて実施する役割を分担している。一方，後者については，学級・ホームルーム担任が，計画的に実施する役割を担っている。

生徒指導のねらいは，生徒の自己指導能力と社会性の形成である。これは，両レベルに共通している。ただし，その実施方法で重点の置きどころは違っている。前者は，全校生を対象にして行う場合が多いので，いきおい一斉指導の方式に傾く。たとえば，交通安全，校則遵守，事故防止，青少年非行対策などのための指導を朝礼や全学集会などの機会を活用して行うのがそうである。しかし，この方式だけでは，意識も行動も多様化している中高生の現状には必ずしもそぐわない。

そこで，後者の学級・ホームルームレベルの個別指導方式による生徒指導が欠かせないわけである。それは一斉指導方式による生徒指導の限界を乗り越えようとするもので，学級・ホームルーム担任による生徒一人ひとりの内面的な指導に力点が置かれている。学級・ホームルーム担任は，ショートホームルームなどをとおして生徒と接触する機会が多く，相互の理解を深めやすい。生徒一人ひとりの人間としての生き方，在り方が端的に表出されている普段の学校での学習態度や生活態度を丸ごとつかむことができるので，それぞれに見合った指導・援助を適宜行うことができよう。

生徒指導というと，とかく非行や問題行動への対応や受験対策など目の前の問題にとらわれがちであるが，学級・ホームルーム担任は，生徒一人ひとりの個性を人格にまで高めるための助成作用という教育の本質観に立って人間とし

てどう生きるべきか，どのような活動をとおして生徒の個性の伸長を図るべきか，など生徒の内面理解に立った指導が期待されよう。

❸ 進路指導

進路指導は，中学校や高等学校では進路を選択する際の支援と指導をいい，学習指導要領では，特別活動のうち学級活動（中学）ないしホームルーム活動（高校）に含まれている。その内容は，大きく進学指導と就職指導の2つの柱から成り立っている。中学校では「進路適性の吟味と進路情報の活用，望ましい勤労観・職業観の形成，主体的な進路の選択と将来の設計」などである。高校では，希望する進路に合わせた「教科・科目の適切な選択，進路適性の理解と進路情報の活用，望ましい勤労観・職業観の確立，主体的な進路の選択決定と将来設計」などである。

学級・ホームルーム担任は，学校全体の進路指導計画と学年の進路指導方針をふまえて学級・ホームルームに所属する全生徒を対象とした綿密な指導計画を立てる。学級・ホームルームでの進路指導は生徒の発達段階に応じて，入学時から計画的・継続的に行うことが大切である。在学中のあらゆる過程をとおして，生徒が将来の生き方を考え，自らの進路を選択し，自己決定する能力を身につけることができるようにするためである。それには生徒が主体的に進路を選択し，自ら学び，自ら考える力を習得させるための指導が欠かせない。したがって，学級・ホームルーム担任は，膨大な進路情報を整理して生徒に提示するだけでなく，進路情報の見方や活用の仕方について教えることによって生徒一人ひとりの情報選択能力を高めるように努める。また，その際に生徒が直面するいわば心的クライシスの乗り越えを側面から援助するガイダンスの機能を高めることが学級・ホームルームでも欠かせない。

指導にあたってはさまざまな工夫を凝らし一斉指導形態だけでなく個別指導（進路相談，面談など）や討論や話し合いの形態を取り入れたり，あるいは生徒だけで調べたり発表したりというような作業的な活動を取り入れることが考えられよう。

❹ 学級活動・ホームルーム活動

学級活動・ホームルーム活動は，教育課程において生徒会活動，学校行事とともに特別活動の一部として位置づけられている。授業時数については，学習

指導要領によって中学校では年間35単位時間を標準とし，高校では年間35単位時間以上とすることが示されている。実際には毎週1単位時間のロングの時間と日々のショートの時間とを併用して授業を行っている学校が多い。

　学級活動・ホームルーム活動のねらいは，生徒の学校生活の基盤をなす活動として，望ましい人間関係やより良い生活づくりに自主的に参画し，進んで諸問題の解決にかかわっていく実践力や健全な生活態度を育成することである。活動で取り上げられる内容は，校種の違い，それぞれの学校・学級・ホームルームが抱える問題の種類などを反映していて一様ではない。新学習指導要領（中学校学習指導要領（2017〈平成29〉年3月告示），高等学校学習指導要領（2018〈平成30〉年3月告示）では，学級活動・ホームルーム活動の内容として次の3点をあげている。①学級・ホームルームや学校における生活づくりへの参画，②日常の生活や学習への適応と自己の成長および健康安全，③一人ひとりのキャリア形成と自己実現。これらの活動を生み出す母胎的役割を演じているのが学級・ホームルーム集団といってよい。しかもそれは，いわば配電盤のような役割を担っていて各種委員会の委員を選んで送り出している。学校行事のうち，学芸的行事，健康安全，体育的行事，旅行・集団宿泊的行事などは，いずれも学級・ホームルームを単位として行われる。こうして学級・ホームルーム集団による学級活動・ホームルーム活動は，学校生活のあらゆる面にかかわりがあるので，特別活動の重要な役割を担っているとみてよい。

　学級・ホームルーム担任は，教科の学習指導という教授機能だけでなく，特別活動におけるさまざまな指導（訓育機能）を行っている。とりわけ後者の機能を十全に果たすには，特別活動とくに学校行事は，家庭・地域とかかわりがあるので，学級・ホームルーム担任は生徒集団だけでなく，生徒の家庭や地域住民も考慮して学級・ホームルーム経営計画を立てて実施する必要がある。

　これまでみてきたさまざまな学級・ホームルーム指導は，学級・ホームルーム集団と教室環境という基盤を根拠にして繰り広げられる。そこで次に基盤整備としての学級・ホームルーム集団と教室環境などの経営についてみていこう。

4 学級・ホームルームの集団経営と環境経営

a. 学級・ホームルーム集団づくり

　学級・ホームルームも担任の持ち上がりでないかぎり，学年はじめにはさまざまな生徒の集合体にすぎない。とりわけ，1年次の学級・ホームルームにはさまざまな学校からの新入生が入り混じり群をなしている。それを調整し，好ましい人間関係を形成し，凝集力の強い集団に育て上げる取り組みが学級・ホームルーム担任に求められる役割である。

　そのために学級・ホームルーム担任は，担任と生徒，生徒同士が互いに信頼し支持し合うような学級・ホームルーム集団づくりに心を砕く。学級・ホームルーム集団づくりの基本は，何よりも人間関係づくりといってよい。しかも，学級・ホームルーム集団の中で生徒の自尊心や協調性が高まっていくと生徒が互いに支え合う「支持的風土」[7]が醸成でき，学級・ホームルームという所属集団が準拠集団[8]へと転化していく。そうなると生徒相互の学び合い，かかわり合いも深まり，居心地よく，快適な学び，学び合い，教え，教え合う学級・ホームルーム集団がつくり出されよう。

　学級・ホームルームは，生徒の未来に向けて卒業・進学・就職などキャリア教育としての学習や活動にもかかわるので，学級・ホームルーム集団の経営は，生徒の成長発達ひいては将来への目配りを怠ってはならない。学級・ホームルーム担任が，規律・規範やマナーの遵守など生徒一人ひとりの人間性，社会性を伸長させるように学級・ホームルーム集団づくりを進めていくのは，そのためである。

b. 学級・ホームルームの環境経営

❶ 学級・ホームルーム環境づくり

　学級・ホームルームの教室をどのように教育的に意味ある環境として整備し運営していくかは，学級・ホームルーム経営上の重要な問題である。教科担任制や科目選択制の高等学校では，生徒は授業で教室を移動する率が高まる。そ

のうえ，授業では，いきおい各教科の学習が先行し，個人間の学力競争の陰でややもすれば人間関係づくりがないがしろにされがちである。あげくの果ては，小学校の教室と比べ格段に味気ない「殺風景な」[9]教室環境さえ現出しかねない。そこで人間関係を豊かにするような学級・ホームルーム教室の環境づくりを計画的に進めることが課題となる。学級・ホームルーム教室とは，本来，勉強部屋，学習ルームとは対照的に生徒と学級・ホームルーム担任，生徒同士が協力して構築する文字どおりホームのような協働生活の場だからである。

ところで，教室環境は大きくハードな教室環境とソフトな教室環境とに仕分けできる。前者を構成している素材としては，①教室それ自体や，そこに配置される机，椅子，戸棚，ロッカー，黒（白）板などの施設・設備や，②採光，遮音，通風など学習効果に影響を与える保健・衛生上の物的条件が指摘できよう。

一方，ソフトな教室環境としては，生徒の認識にも影響をおよぼす情報や言語環境などの整備への配慮が欠かせない。生徒が自ら情報を収集し，整理・活用する機会を提供することは，自ら学び行動する自己主導的学習能力を育てるうえでも大切だからである。実際，生徒一人ひとりが単独または集団で作成した作品の掲示や展示は，情報や言語活用の成果でもあり，学級・ホームルームの表情が現われたものといってよい。その意味でも展示や掲示，ワーク・ラウンジなどの環境構成のプロセスに生徒自身がかかわっていくことの教育的意義は大きい。

これらハード，ソフト両環境に学級・ホームルーム教室の一人ひとりがかかわって織り成す人間関係や協働の組織が教室のクライメイト（風土），雰囲気を生み出す。それは「隠れたカリキュラム」として生徒の情操面にも影響をおよぼし，親からの自立と仲間集団からの友人（意味ある他者）を求める思春期・青年期の生徒一人ひとりに与える精神的影響は少なくないであろう。

❷ 学級・ホームルームと家庭・地域との連携

学級・ホームルーム経営の目標を効果的に達成するためには，学級・ホームルーム担任は保護者との信頼関係を深め，それをふまえた連携が欠かせない。それに学級・ホームルーム経営にかかわる業務は，中高生の成長発達にともない，行動範囲が拡大し地域でのボランティア活動，アルバイトなど学級・ホームルームの日常的な守備範囲を超えて生徒の生活全般にまたがっている。した

がって，学級・ホームルーム担任は保護者と連携の絆を結ぶ必要があるが，それには，両者が互いに生徒の支援や指導にあたって伝えたい，聞きたい，協力したいという思いや願いを素直に出し合い信頼関係を築くことが先決である。それは，連携活動の基盤づくりに他ならない。中高の場合には，通学区域が広がるため，小学校のように保護者会を頻繁に開いたり，日常的に保護者と接触し，かかわり合いを深めることは容易ではない。家庭・学校・地域に分断されている生徒の生活の全領域に担任1人で同時にかかわることができない以上，生徒の全面発達をめざす教育には学級・ホームルーム担任，保護者，地域住民との連携が不可欠であるとの認識をPTAなどで確認・共有し，それをふまえて次のような基本姿勢を貫くことである。すなわち，①個人のプライバシーの尊重，秘密の保持を心がける。②計画的・定期的な会合や連携活動を基本とする。③内容によっては，生徒指導部（係）や管理職，保護者などを加えた組織的なネットワークを構築して対応する，などである。

　次いで具体的な方法としては，保護者とのICTによるネットワークの構築など今日的な連携のツールを活用して学級・ホームルーム担任と保護者（家庭）さらには地域住民を結ぶパイプとなるコミュニケーションの機会を拡充することである。たとえば，ICTによる学級・ホームルームだよりは，学級・ホームルーム担任だけでなく，生徒が自主的に通信（発行）するようになれば，学級・ホームルームでのさまざまな生徒の取り組みやエピソード，家庭への呼びかけなどでコミュニケーションの機会だけでなく内容も豊かになるであろう。こうして保護者だけでなく，地域の一般の人々がいわゆるサポーターやファシリテーター（促進者。地域のリソースなどを活用して相互の学び合いを促進する役割を果たす指導者）として学級・ホームルーム経営にかかわってくると学校・学級・ホームルーム内外の人材活用というネットワーク型の学級・ホームルームマネジメントが形成される。それは企業のナレッジ・マネジメント（知識経営。組織内で各成員の知識を共有・活用・創造しようという経営手法）に通じるものであり，各種の人材を活用することによって学級経営に新しい活力を創出できよう。

❸ 学級・ホームルーム事務

　学級・ホームルーム事務の中には，事務部の所掌事項になっているものもあ

るが，中には学級・ホームルーム担任の手を煩わさなければ処理できないものも少なくない。それらの中で学校教育法施行規則第15条に規定されている公簿のうち，指導要録と出席簿および健康診断に関する表簿の記入，整理，保管には学級・ホームルーム担任が直接かかわっている。中でも出席簿の記入によって生徒の出席状況を日常的にとらえ，生徒の変化に寄り添って生徒指導を繰り広げられる点が学級・ホームルーム担任ならではの力量の見せどころといってよい。

学級・ホームルーム担任は，学級・ホームルーム経営案，指導要録補助簿，通知表（通信簿），身上調査書や家庭連絡票（網），進学・就職の推薦書の作成・活用などの学級・ホームルーム経営事務にかかわっている。その他にも教材・教具などの学級・ホームルーム備品類の管理，学級・ホームルーム会計，保護者会，PTA関係の活動記録など多種多様である。もちろん，これらの中には，学校の管理運営上の事項もあるので学級・ホームルーム担任は，原則的には先生と生徒と保護者の間の信頼関係をベースにした指導レベルでの対応と事務処理が求められよう。

このように多岐にわたる事務を効率的に処理するためには，あらかじめ連続的事務と臨時的事務とに仕分けし，前者については計画を立てて処理するのが望ましい。それにはコンピュータを活用し，表計算ソフトなどで年間計画と実施中の授業時間数の過不足を算出する時数集計や各種の表簿作成などの事務処理が欠かせないであろう。

5　学級・ホームルーム経営の評価と改善

a．学級・ホームルームの評価基準

学級・ホームルームの評価基準は，大きく自己評価と他者評価に二分できよう。自己評価は，担任が，自らの学級・ホームルーム目標を具現化した学級・ホームルーム経営の計画，実践についてどれだけ所定の目標を達成できたのか，目標や計画自体に問題はなかったか，などを点検し，次の指導の方策や経営計画を設定するのに役立てるために行うものである。つまり，学級・ホームルー

ム経営に対するP-D-C-Aの実施とみてよい。そのために一定の時点で一定の観点から評価して、学級・ホームルーム経営の改善と進歩を図ろうとするものである。このような評価・改善を意図しながら経営に当たれば、学級・ホームルーム経営は、より堅実に教育効果をあげられよう。

学級・ホームルーム担任は、評価の結果を単にふり返って、それで事足れりとするのではなく、評価の観点や基準を明確にしてとらえ直していかなければ、自己の学級・ホームルーム経営を前進させるきっかけをつかむことは難しい。

従来はこのような自己評価が主流であったが、近年では他者評価が行われる場合が多い。保護者や一般住民に対しての学級・ホームルーム経営の説明責任（accountability）が問われるようになってきたからである。学級・ホームルーム経営の評価が、その学級・ホームルームだけの問題ではなく、学校経営、保護者、地域住民との連携やネットワークの在り方にもかかわるようになってきた。

こうした中で教育委員会が教育行政の見地から学級・ホームルーム経営評価基準を作成して実施するものがある。これは、一般に学級・ホームルーム担任がどの程度計画的に学級・ホームルームの経営を行っているかを点検するもので、ねらいは学級・ホームルーム経営のレベルアップである。

b. 学級・ホームルーム評価の内容と方法

学級・ホームルーム評価の内容としては次の諸事項についての評価があげられよう。①学級・ホームルーム目標の設定、②学級・ホームルーム計画の作成、③学級・ホームルームにおける生徒の活動と生徒理解、④学級・ホームルーム集団づくり、⑤教科指導・学業指導・進路指導・生徒指導、⑥学級・ホームルームの環境構成、⑦学級・ホームルームの事務、⑧家庭・地域との連携などである。

学級・ホームルーム経営の評価方法としては観察法・質問紙法・テスト法・面接法・被評価者の記録などがある。これらの中で観察法は、実施にあたって当該教師以外の学級観察者が必要となる。この点を乗り越えるために高旗正人らが開発した質問紙法による評価が注目に値しよう[10]。それは学級集団づくりを実践している学級での集団構造の発展過程に評価の照準を合わせたもので、「学習集団形成度評価」「協調性・競争性の評価」「学習意欲テスト」などを開

発し実施している。それにより①学習集団がどの程度形成されたのか，②学級がどのように変容したのか，③授業や学級活動に対する意欲がどう変容したのかなどを明らかにしている。

　この他にもさまざまな評価方法が開発されているが，いずれにせよ，それらの使用にあたっては，評価のねらいや評価者，評価対象の特性，評価の時期・内容などを考慮して選択していくことが大切である。

　さて，これまでみてきたように学級・ホームルーム経営の評価は，評価の内容・方法も多様であり，評価の仕組みも自己評価だけでなく教師集団，保護者，教育委員会などもかかわる重層的な形をなしている。そこで，学級・ホームルーム経営の評価の効果を高め，評価結果の活用を促進していくためには既存の評価組織を革新し，教師集団，保護者などで組織的に自己評価，他者評価，成果の活用を進める体制づくりが望まれよう。

引用・参考文献
1) 磯田一雄「ホームルーム」細田俊夫他編集『新教育学大事典　第6巻』第一法規出版，1990年
2) 文部科学省『高等学校学習指導要領解説　特別活動編』東山書房，2006年
3) 唐澤勇・富田初代編著『個の成長を援ける学級・ホームルーム経営』学事出版，2003年
4) 小川一郎編著『高等学校ホームルーム担任読本』文教書院，2000年
5) 内藤勇次「学業指導」奥田真丈・河野重男監修『現代学校教育大事典』ぎょうせい，1994年
6) 保坂一郎『小・中・高等学校特別活動の理論と実際』東洋館出版社，1986年
7) 高旗正人編集『学級経営重要用語300の基礎知識』明治図書出版，2000年
8) 高旗正人『子どもと学校の理論――論集』ふくろう出版，2007年
9) 田井康雄・中戸義雄編著『探究・教育原論――人間形成の解明と広がり』学術図書出版，2005年
10) 太田佳光「学級経営の評価」高旗正人編集『学級経営重要用語300の基礎知識』明治図書出版，2000年

その他の参考文献
安部英行編集『月刊ホームルーム』学事出版，2010年
文部科学省『中学校学習指導要領（平成29年告示）』東山書房，2018年
文部科学省『高等学校学習指導要領（平成30年告示）解説　総則編』東洋館出版社，2019年

6章

生徒指導とキャリア教育

1 生徒指導とは

a. 生徒指導の意義

　学校教育は，単に生徒に知識・技能を習得させることのみを目的としているわけではない。何より学校生活をとおして，生徒の人間教育を行っている。したがって，学校教育にあっては，教師は，生徒に知識・技能を習得させる学習指導のみを機能させるのではなく，生徒の自己実現をめざす人格陶冶に直結する生徒指導も機能させることが重要な鍵となる。

　中学生・高校生の生徒指導について学習指導要領（中学校は2017〈平成29〉年度，高等学校は2018〈平成30〉年度にそれぞれ改訂）では，「生徒が，自己の存在感を実感しながら，よりよい人間関係を形成し，有意義で充実した学校生活を送る中で，現在及び将来における自己実現を図っていくことができるよう，生徒理解を深め，学習指導と関連付けながら，生徒指導の充実を図ること」（中学校総則第1章第4の1（2），高等学校総則第1章第5款1（2））と述べられている。つまり，生徒指導は，生徒に学校生活の中で，学級・ホームルームの中で，自己の存在感を十分に感じさせながら，教師との信頼関係を基盤とした人間関係はもとより，生徒相互間のより良い人間関係を形成させ，有意義で充実した学校生活を送らせるとともに，一人ひとりの生徒理解を深め，生徒の個性に内在する価値を見いだし，それを引き出すことに努め，学習指導が機能する授業の場面との関連を図りながら，現在および将来における自己実現を図っていけるように支援をする営みといえよう。

　生徒指導は，日本国憲法第26条の教育規定を基本理念として制定された教

育基本法（第1条，第2条，第6条）や学校教育法の各学校段階における目的・目標の規定を受けて設定された各学校の教育目的・目標を達成するための重要かつ必要不可欠な機能の一つであり，学校の教育活動全体を通じて総合的に行われる営みである。

　生徒指導は，学校の中の一部の生徒を対象とする指導ではなく，すべての生徒を対象とする指導である。すなわち生徒一人ひとりの人格を尊重し，かけがえのない一人の生徒の独自性としての個性の伸長を図るとともに，一人の人間として現在および将来の生活を社会と調和して営むために求められる倫理観や正義感などの社会的資質や行動力を高めようとする指導・援助である。

　つまり生徒指導は，すべての生徒を対象とし，一人ひとりの人格のより良い発達をめざす指導援助であり，教育基本法第1条にみられる「人格の完成」をめざす教育の目的に直接関連する営みであり，人間教育の中心ともいえよう。

b. 生徒指導の目的

❶ 自己指導能力の育成

　学校の教育活動全体をとおして行われる生徒指導は，生徒の学校生活の充実化を図ることが何よりも大切である。そのためにも生徒が現在の学校生活をとおして将来の社会生活に夢や希望を抱き，自己実現に向かって確固たる目標を設定し，それを達成するように自らを方向づけていく能力としての自己指導能力の育成が求められる。そのためには，生徒の自発性・自律性・自主性を高め，学校生活に主体的に取り組む姿勢・態度の形成が望まれよう。自発性は，内面から自然発生的にわき起こる情動であり，興味・関心・意欲に関連するものであり，授業や特別活動等の学校の教育プログラムへの姿勢・態度の形成に求められる。自律性は，他者および規範とのかかわりの中で，また自らの意志とのかかわりの中で，進むべき方向に自らをコントロールする傾向性である。自律性の涵養のためには，他律としての教師による指導がその前提として不可欠である。生徒の内面で，教師からの他律が自律へと変容するためには，生徒が教師に対して敬愛の念を抱き，教師の指導に対して心服することが肝要となる。自律性は，学校生活上の「規律」の遵守，社会との適応能力，社会と調和した社会的役割取得能力などを行使するうえで必要な自己統御につながるものであ

る。自主性は、自らの意志にもとづき主体的に物事に取り組む傾向性であり、主体的な学びの力を核とする「生きる力」の育成に不可欠なものである。これら3つの傾向性を要素として、自己指導能力が高められる。

❷「公共の精神」の涵養と規範意識の醸成

学校生活は集団活動が中心である。集団活動をとおして自分以外の他者との関係性を学び、与えられた役割を責任をもって遂行するとともに、他者との協力関係を切り結ぶ。集団活動が望ましいものとして展開できるように、集団の中で守るべきルールやマナー、モラルを遵守することが必要であり、今日とくに強調されるように、教育基本法（前文と第2条）および学校教育法（第21条）にみられる「公共の精神」の涵養と「規範意識」の醸成が求められる。「公共の精神」および「規範意識」の醸成は、現実の社会で要求されている道徳や公共のルールやマナー、規律や秩序である「現実原則（現実原理）」（real principle）の摂取・体現ともいえよう。

生徒に規範意識を醸成するための指導は、家庭生活や学校生活での具体的な行動の中で行われなければ生徒に定着しない。学校生活の場面では、教師と生徒との信頼関係に立脚した人間関係を基盤として、具体的な活動をとおして、すなわち校門や廊下などでの挨拶の指導、会話の中での正しい言葉遣い（敬語）の指導、さまざまな場面でのマナー・エチケットの指導、服装の指導、遅刻是正の指導（時間厳守の指導）、野外集団宿泊訓練などの集団活動にかかわる指導、清掃指導、授業中の姿勢・態度に関する指導や私語の禁止の指導などが行われる。

規範意識の醸成は、「規範」の言葉が示すように、生徒にとっての「範」を示す存在が必要となる。教師はあらためて、「生徒に求めるものは教師に当然にして求められるもの」というスタンスをとり、生徒にとっての身近な社会人、大人として、自らが公共の精神と規範意識を高め、現実原則の体現者として、人間としての在り方生き方の範を示すことが、必要となるのである。

❸ 生徒指導と学習指導（授業）

生徒指導は、生徒が学校生活を興味・関心をもって楽しく、充実して過ごせるように支援する営みであり、そのためにも学校生活の中心である授業を充実させることが不可欠である。つまり、生徒指導は、授業の場面で学習指導と連動して行われる営みであり、学習指導が展開される授業を中心とした学校生活

上の規律を保持し，生徒が自ら進んで学習意欲を喚起して，学習に積極的に取り組み，授業時間を効果的に過ごすことができるように教師の配慮が求められる。学習活動の中での生徒指導は，とくに今日において重視されるところである。また近代教育学を科学として位置づけたヘルバルト（Herbart, J.F. 1776-1841）の主張した「教育的教授」に通じるところでもある。

　カリキュラム上であれば，生徒指導は，学級活動やホームルーム活動を中心とする特別活動での展開が中心と考えられるが，実際には，学習指導を中心とする各教科および教科に属する科目が展開される授業の場面も，生徒指導の重要な場であるという認識をもたねばならない。授業のプロセスそのものに，生徒が夢や希望をもち，自己実現に向けて自己指導能力を育成するための活動の基盤となるものが内包されている。とくに授業の導入の部分において，生徒の学習に対する興味・関心・意欲を喚起するような創意工夫が求められる。1回1回の授業における生徒の学習における成就感・達成感を十分に引き出す指導が欠かせない。授業を充実させ，生徒の成就感・達成感を引き出すためには，他の生徒による授業規律を乱すような行為をはじめとする反社会的行動を，決して許してはならない。教師は，授業の場面をはじめ，学校教育活動のあらゆる場面で，一人ひとりの生徒にしっかりと体を張って向き合い，個性尊重と人格の発達に努めることが求められる。

❹ 生徒指導と特別活動（学級活動・ホームルーム活動）

　学校教育は，一人ひとりの生徒が学級（ホームルーム）という集団内での活動や生活を基本としながら展開するものであり，そこでは教師との関係性はいうにおよばず，生徒相互の人間関係が切り結ばれ，お互いが影響を受け合いながら高め合い成長し合うものである。学級（ホームルーム）は，学校における一人ひとりの生徒にとっての基本的集団であり，帰属集団，準拠集団でもある。また授業が実施される学習集団であり，学校生活が営まれる生活集団である。生徒が，学校生活をとおして健全な成長を図り，成就感・達成感を高め，充実した日々を送るためには，何よりも，この学級集団（ホームルーム集団）での生徒相互の人間関係の在り方が鍵を握る。生徒一人ひとりが自己存在感に育まれ，ひいては自己肯定感，自己効力感を育み，自尊感情を有するにいたり，共感的な人間関係を生徒相互に構築し，自己決定力を高め，自己指導能力を育成

する。その自己指導能力のフル発動により，自己実現を図ることが肝要となる。

　学級（ホームルーム）担任にとっては，学級（ホームルーム）集団の一人ひとりの生徒が，自他の個性を尊重し，とくに他者に対しては，自分とは別個の存在として，自分がもっていない何か偉大な価値(something great サムシング・グレート)を他者に見いだし，それを尊重し，それによって自らを鍛え・錬り・磨いていき，相互補完的に人間的成長を図っていくことができるような，教育的な環境づくりが肝要となる。

　複雑化・多様化し，変化し続ける21世紀社会において，生徒は，他者との関係性の中で，心身ともに調和のとれた発達を図りながら，将来の社会生活に向けての能力の形成・獲得のために，自らの行動を的確に選択し，意思決定を図っていくための主体的な姿勢・態度を身につけることが求められる。また社会の一員として，他者との調和を保ちながら，自らの役割を責任をもって遂行し，より良い社会の発展に貢献できるように，またそれが自身の自己実現と生きがいにもつながるように，学級（ホームルーム）や学校集団の一員として，社会的な能力・態度の育成をめざすよう，生徒指導の機能を充実させることが必要となる。

　生徒指導がもつ教育機能は，学校の教育課程の特定領域における指導のみならず，学校の教育活動全体をとおして統合的に発揮されなければならない。学級活動（ホームルーム活動），学校行事および生徒会活動の3つの領域からなる特別活動の領域は，生徒が，主体的はもとより自治的・実践的な学習の場としての集団活動をとおして，より良い生活を構築していく力を形成するとともに，生徒自らが人間としての在り方生き方についての自覚を深め，現在の学校生活ならびに将来の社会生活で自己を生かしていく能力を養う場である。つまり特別活動は，生徒指導の中核をなす場といえよう。

2 ｜ 生徒指導の展開

a. 生徒理解 —— 生徒指導の前提

　生徒理解は，生徒指導の基盤であり，「教育のプロ」「指導のプロ」としての

教師には，その前提としての「理解のプロ」として，教育学および心理学の適切な科学的手法を活用して，生徒一人ひとりについての生徒理解の深化・促進を図ることが求められる。

生徒理解には，大きく，生徒の立場に立ち，生徒の枠組みや生徒の論理で生徒を理解する内在的理解としての共感的理解，生徒の行動や服装，姿勢・態度，言動等の診断を中心とし，各種心理テストやアンケート，特定のテーマによる作文等の科学的・客観的分析等を活用する，外在的理解としての診断的理解があげられる。

生徒理解にあたっては，生徒一人ひとりの個性および特性がきわめて多様であることを勘案し，一人ひとりの生徒にていねいにかつ寄り添うように向き合うことが何よりも大切となる。生徒の特性を理解するには，生育環境や生活環境および将来どのような進路を考えているか（進路の可能性）といった種々の条件を十分に勘案し，広い視野で，多面的・多角的・総合的に理解することが肝要となる。

生徒理解は，生徒の発達段階を十分に考慮して行う必要がある。したがってアメリカの精神分析学者エリクソン（Erikson, E.H. 1902-1994）に代表されるような生涯学習を見据えたライフサイクル論的な視点から，発達段階の科学的な理解・認識が求められる。

中学生にあっては青年期前期（思春期）にある人間について，高校生にあっては青年期後期にある人間について，それぞれに発達段階に応じた理解が求められる。とくに高校生にみられる青年期後期の特徴としては，自我同一性（アイデンティティ Identity）の形成があげられる。

生徒理解のうちの診断的理解では，当該生徒の所属する学年の教師や，教科を担任する教師，部活動を担当する教師等の幅広い視野から，場面場面での生徒の様子を集約して，教師相互の連携協力のもとに生徒理解の深化・促進を図ることが肝要となる。「チームとしての学校」における連携協力による理解の構築ともいえよう。また共感的理解では，教師と生徒が一対一でしっかりと向き合い，生徒の立場に立って，生徒の論理で，生徒の枠組みで，生徒の心情に寄り添いながら，生徒の内面を理解することが求められる。この共感的理解は，アメリカの心理学者ロジャーズ（Rogers, C.R. 1902-1987）の「受容

（Acceptance）」の理論が参考となる。加えて教師には，共感的理解をしようとする姿勢・態度としてのカウンセリングマインドの形成が望まれよう。

　生徒理解にあたっては，自閉症，高機能自閉症，学習障害，注意欠陥多動性障害等のいわゆる発達障害をもつ，配慮を要する生徒の理解と指導の前提として，それぞれの発達障害の特性を十分に理解しておくことも欠かせない。

b. 教師と生徒との信頼を基盤とした人間関係の構築

　生徒指導の前提としては，生徒理解の深化とともに，教師と生徒との信頼を基盤とする人間関係の構築もあげられる。教師と生徒の人間関係にあっては，授業の場面にみられるように，教師と生徒との教材を媒介としたフォーマルで間接的な人間関係のみならず，人間的なふれあい等の情的・直接的な人間関係を切り結ぶことが求められる。加えて生徒とのかかわりをとおして自らも成長しようとする教師の姿勢，教師自らも生徒とともに「生きる力」を涵養し，生涯学習社会を生き抜く姿勢を示すことが肝要となる。

　教師と生徒との信頼関係の構築にあたっては，教師と生徒の相互理解を進めることがその基盤として重要である。つまり，教師による生徒理解とともに生徒による教師理解が必要となる。生徒が教師の真実性（あるがままの自己，「誠」）にふれることにより，生徒による的確な教師理解と信頼関係の萌芽がみられよう。そのため，教師は，生徒による教師理解の促進が図れるように，適切な自己開示・自己主張をとおして，自らの真実性（「誠」を根底とする人間としての在り方生き方）を生徒に示す必要がある。「自己開示」は「自分はこういう人間である」と自らを語ること，自らの思い・哲学や体験を語ることである。開示する内容については，生徒にとって教育上有意義かどうかを吟味する必要がある。「自己主張」は，教師が腹を据えて生徒としっかりと向き合い，ためらうことなく自己を打ち出し，「説明」「指示」「説得」等を行うものである。教師による自己主張は，授業を中核とする学校教育活動全体をとおして，生徒に「公共の精神」と「規範意識」を育成するために求められるものであり，毅然とした態度を展開する源泉ともいえる。教師が毅然とした態度で，すべての生徒に向き合い，自己開示を端緒とする適切な自己主張のもとに，誠を尽くして生徒に接するならば，生徒による教師理解と，教師に対する自己開示も高ま

り，教師と生徒との信頼関係の構築につながると思われる。

c．生徒指導の形態と方法

生徒指導の形態としては，学級（ホームルーム），学年，全校の生徒に対して行う集団指導と，教師が1人の生徒と向き合って行う個別指導とに分けられる。

❶集団指導

集団に対する生徒指導は，学級規模，学年規模，全校規模にかかわらず，生徒集団を前にして行う指導である。この集団指導では，学業指導，道徳性指導，社会性・公民性指導，進路指導，安全指導，余暇指導などが行われる。学業指導としては，生徒が学ぶことの意義，学び方，学習習慣の確立などがあげられる。道徳性指導は，人間尊重の精神と生命に対する畏敬の念を学校，家庭，社会に浸透させるよう，道徳性を涵養する指導である。社会性・公民性指導は，「公共の精神」を育むための指導，公共の場で他者に迷惑をかけないように行動するための指導である。進路指導は，「自己実現」をめざして，進路に関する情報を提供したり，進学，就職の心構えなどの指導が中心となる。安全指導は，日常生活を健康で安全に過ごすための指導であり，基本的生活習慣の確立のための指導や食生活に関する指導，交通安全の指導，また危険回避のための指導（危機管理の指導）などがあげられる。また喫煙・飲酒禁止のための指導や薬物乱用禁止のための指導があげられる。余暇指導は，学校週5日制による土曜日・日曜日の有効利用をはじめとする，時間の有効利用についての指導などである。

　いずれにしても，集団指導の中心は，教師による講話であり，生徒集団に対して話すことである。しかし，単に指導内容を伝えることに主眼をおいて，口先だけで話すことになっては，指導の効果はあげられない。教師による講話は，一人ひとりの心に届き響くものでなければならない。そのためにも，教師は，全身全霊を駆使して，一人ひとりの生徒に向き合うようにして，一人ひとりを包み込むように語ることが求められる。生徒に聴かせて，心に響かせ，反省的に考察させなければならない。

❷ 個別指導

　生徒指導には，集団指導とあわせて，一人ひとりの生徒にしっかりと向き合って行う個別指導がある。個別指導としては，主に開発的指導，予防的指導，課題解決的指導，治療的指導，矯正的指導の5つがあげられる。

（a）開発的指導

　開発的指導とは，生徒の個性を伸ばすことや，生徒の自己成長を促すための指導であり，生徒の個性を認め，その個性に内在している人間的な良さを引き出し，個性と融合させて発展させる指導である。

（b）予防的指導

　生徒が，人としての道を踏み外したり，問題行動を引き起こさないように，未然に防止する指導であり，予兆を察知し，未然に防止することを目的とした指導であり，危機管理的指導ともいえる。教師には，生徒の予兆，すなわち「日常性に内在する変化性」を察知する「打てば響く」感性と洞察力，および変化への具体的対応力が求められる。

（c）課題解決的指導

　生徒一人ひとりの抱える課題について，その解決の方法を明らかにし，生徒自らが解決できるようにする指導である。とくに生徒が学校生活に対して不適応を起こしたり，学級・ホームルーム等での友人関係や教員との人間関係等に悩みを抱いているときに，その悩みを解消するための間接的なアドバイスを行う指導である。生徒が自ら直面する課題・問題に対しては，生徒の課題解決能力を涵養するために，生徒自らの力による解決が求められるが，時として，いじめ，暴力行為等を受けている場合等は，教師による直接的な課題解決の支援が必要となる。当然ながら，教師には高度な問題解決能力が求められる。

（d）治療的指導

　治療的指導とは，生徒自らの情緒的な緊張感等により学校生活に十分に適応できないような状態から，生徒を救済するための指導である。生徒が学校に適応できるように心理的抵抗感を払拭し，安心感を与えることが求められる。また教育相談の技法等を活用しながら，生徒の内面の改善を図ることが肝要である。とくに不登校の生徒への対応として求められる。

(e) 矯正的指導

矯正的指導とは，いじめ，暴力行為等の問題行動を起こした生徒に対して，自己反省を促し，自己改善を求める指導である。教師が生徒に対して，決してひるむことなく，毅然とした態度で，「人に誨(おし)えて倦(う)まず」（誨人不倦(かいじんふけん)）（『論語』述而第七）の精神で，ねばり強く段階的指導を行うことが求められる。矯正的指導には，教育愛に裏打ちされた「教育する勇気」の発動が欠かせない。

3 生徒指導の体制

生徒指導は，教師1人の力では限界があり，「チームとしての学校」に標榜(ひょうぼう)されるように，学校全体の組織力の発動による骨太の対応が求められる。生徒指導は，組織的かつ体系的に，また全教職員の共通理解のもとに，連携体制をとって展開しなければならない。そのためにも学校教育目標に対応した生徒指導の目標についての共有と各生徒の情報についての共有を図り，連携して指導にあたることが肝要となる。このような生徒指導の組織的かつ体系的な連携の仕組みや機能を生徒指導の体制という。

生徒指導の組織は，とくに中学校，高等学校（中等教育学校）にあっては，校務分掌組織に位置づけられた生徒指導部が中心となる。生徒指導部は，生活指導，教育相談，校外指導，部活動，生徒会など，生徒に直接にかかわる校務分掌組織であり，その中心的な役割を担うのが生徒指導主事である。生徒指導主事は「校長の監督を受け，生徒指導に関する事項をつかさどり，当該事項について連絡調整及び指導，助言に当たる」（学校教育法施行規則第70条第4項）役割を担い，指導教諭または教諭をもって充てられる（同第70条第3項）。生徒指導に関する事項とは，「学校における生徒指導計画の立案・実施，生徒指導に関する資料の整備，生徒指導に関する連絡・助言など」（1976〈昭和51〉年1月13日文部事務次官通達「学校教育法施行規則を一部改正する省令の施行について」）である。生徒指導主事は生徒指導の組織に関しての指導的立場に立つがゆえに，生徒指導部内部の仕事のみならず，学校全体の生徒指導の中心的存在としての役割を遂行する必要がある。生徒指導主事の担当する校務を整理する主幹教諭が設置されるときには，生徒指導主事は設置されないことも

ある（学校教育法施行規則第70条第2項）。

　このように生徒指導にあたっては，生徒指導部を中心とした生徒指導体制のもとに，人間力・教育力に優れた一人ひとりの教師が生徒としっかりと向き合って，指導改善に尽力することが求められる。

　組織としてより機能的かつ機動的な生徒指導を展開できるような体制を構築するためには，学校のさらなる組織力・学校力の向上が欠かせない。そのためにも学校の組織の長である校長のマネジメント能力とリーダーシップ能力，および副校長・教頭・主幹教諭および指導教諭の機能を発揮し，組織マネジメントを充実展開させることが肝要となる。

　生徒指導にあっては，組織としての学校の体制を整え機能させるのみでは十分ではなく，教育基本法第13条に規定されているように，保護者を中心とする家庭や地域社会および児童相談所・警察等の関係機関等との密接なる連携・協力体制を構築し，生徒の健全育成を学校の組織内の狭い範囲にとどめることなく，「地域とともにある学校」を体現すべく，社会総がかりで積極的に推進していくことが肝要である。

4 進路指導とキャリア教育

a. 進路指導・キャリア教育とは

　進路指導とは，生徒が自ら主体的に将来の進路を適切に選択・決定していくための能力をはぐくむため，学校全体として組織的・体系的に取り組む教育活動である。

　進路指導は，今日では，「キャリア教育」という概念のもとに「キャリア教育の推進」として展開する傾向がある。「キャリア教育」については「児童生徒一人ひとりのキャリア発達を支援し，それぞれにふさわしいキャリアを形成していくために必要な意欲・態度や能力を育てる教育」（キャリア教育に関する総合的調査研究協力者会議『報告書——児童生徒一人一人の勤労観，職業観を育てるために——』2004〈平成16〉年）と定義されている。2006（平成18）年に改正された教育基本法第2条第2項には，教育の目的を達成するための具体

的目標の1つとして「職業および生活との関連を重視し，勤労を重んずる態度を養うこと」と規定されており，教育における学問と職業および生活との関連性と，勤労，すなわち職業に就いて働くことを重んずる態度の育成を規定しており，キャリア教育の推進が看取できよう。

さらに2018（平成30）年度改訂の高等学校学習指導要領では，「キャリア教育の充実」について「生徒が，学ぶことと自己の将来とのつながりを見通しながら，社会的・職業的自立に向けて必要な基盤となる資質・能力を身に付けていくことができるよう，特別活動を要としつつ各教科・科目等の特質に応じて，キャリア教育の充実を図ること。その中で，生徒が自己の在り方生き方を考え，主体的に進路を選択することができるよう，学校の教育活動全体を通じ，組織的かつ計画的な進路指導を行うこと。」（第1章第5款の1(3)）と規定され，進路指導におけるキャリア教育の推進が具体的に記されている。

b. 進路指導の意義

進路指導の根幹は「人間としての在り方生き方」指導であり，人生の目的を探究し，人生観の構築とともに，充実した人生と職業とのかかわりを考察させ，職業選択能力と選択した職業に就くために自らを方向づけていくための自己指導能力の育成が求められる。

人生観の構築にあたっては，生徒に対してこの世に人間として生まれてきたことの貴さを認識させ，そのうえで，自分がなぜ人間としてこの世に生まれてきたのか，この世で果たすべき使命（役割）等を十分に考察させたうえで，人生の目的を考えさせることが肝要である。自分の人間としての存在，生きがいを十分に考慮させ，何のための人生か，人は何のために生きるのか，という哲学的な命題をもとに，「人のために生きること」「社会貢献のために生きること」に気づかせ，人のために生きることこそが，自己の充実した人生の展開であることを認識させ，学校生活を営ませることが肝要となる。ここに人生と職業との関連づけが必要となる。人間にとっての働くことの意味，人間と職業の意味について探究考察することが望まれよう。

進路指導における人生観の構築がキャリア教育のめざす勤労観・職業観の育成につながることになる。

進路指導は，小学校，中学校，高等学校（中等教育学校）の各学校種の段階において，人生観構築を基盤とする勤労観・職業観を育成するキャリア教育の視点から行われつつある。

　21世紀の学校教育では，「生きる力」を中核として，変化の激しい社会に主体的に対応できる能力の育成が重視されている。この21世紀を生きる生徒が，自らの人生に真剣に向き合い，自らの在り方生き方について探究考察し，自らの人生を充実したものとするために，夢や希望を抱き，それを具体的に実現させることをめざして，自らの強い意志と責任のもとに，自己の進路を選択し決定する能力や態度を育成することが肝要となる。

　進路指導は，いうまでもなく，生徒の発達段階に応じて行われる。とくに高等学校の段階にある生徒は，知的能力と身体的能力を著しく発達させる。また精神的な側面においても，この世に人間として生まれたことの意味を探究考察し，充実した人生を過ごすために，人間としての在り方生き方について探究し，自我を見つめ，自らの価値観を形成し，自己理解を深める時期である。高等学校における進路指導は，学校教育法第51条に規定された高等学校教育の目標，すなわち「社会において果たさなければならない使命の自覚に基づき，個性に応じて将来の進路を決定させる」ことや「個性の確立に努めること」をめざして行われるものである。高校生は，社会の有為な公民としての準備教育を受けているのであり，社会人としての準備期間ともいえる高等学校の時代には，自己と社会とのかかわりを深く考究し，社会人として将来，どのように生きるか，その生き方を深く探究することが課題となる。

　2018（平成30）年の公職選挙法改正による18歳以上への選挙権の引き下げにより，高校3年生の段階での投票行動が可能となり，準備教育に裏づけられた社会の有為な公民としての具体的な実践が生活の場で実現されている。このような実践をより充実させるためにも，社会とのかかわりの中で，他者との共存・共生を図りながら，自己の個性と自己のもてる能力を発揮し，自己実現を図っていくための基礎的な能力の開発が必要となる。そのための適切な指導・援助が教師には期待されよう。

　高等学校では，とくにキャリア教育の推進として，望ましい勤労観・職業観等を育成する必要があるが，そのためには，企業や行政機関等でのインターン

シップ等の就業体験の機会を確保することが必要であり、特別活動の一環として、学年単位での年間の学校行事の中に組み込むことが求められる。

c. 進路指導と「立志」——職業観・勤労観形成の基盤

進路指導は、生徒に志を立てさせ、人間としての「学び」を推進させる指導である。人間の「学び」とは、まさに「人間形成」の営みであり、社会において他者と共生し、自らの個性を生かしながら自己実現を図る（＝社会の存続発展に貢献する）ために、自らを人間として鍛え・錬り・磨く営みといえる。人間が社会貢献するためには、社会に役に立つ知識・技術・技能等を習得しておかなければならない。

人間の「学び」のための動機・推進力・パワーの源泉となるのが「志」を立てること、すなわち「立志」である。「立志」とは自分がいかに生きるか、どのような人間として人生を送りたいか、また一度きりの人生において何をなすべきかを深く自らが考えて、心に確固たる大きな目標を設定し、その目標の達成に向けて心を絶えずふるい立たせることである。この「志」を頭の先から指先、つま先にまで全身に浸透させておくことが肝要となる。「志」は人間の「学び」の動機、「学び」の推進力となるパワーの源泉であり、「志」が立っている人間は、人間の活力の源である「氣」が体内に充ちている。『孟子』の中に「志は氣の帥なり。氣は体の充なり」（夫志、氣之帥也。氣、体之充也）という有名な一節がある。「志」は「氣」を左右するほどのものであり、「氣」は人間の肉体を支配するほどのものである。「志」がしっかりしていれば、「氣」はそれに従ってくるものという意味である。

d. 進路指導の教育的意義と進路指導の活動

進路指導の教育的意義としては、①主体的な意思決定能力の涵養（進路に関する自主的・主体的取り組みを促進する、進路に対する自主性の涵養）、②職業的自己実現能力の涵養（職業観を明確にし、自らの将来の夢や希望と、現実の個別具体的な職業、あるいは職業分野との関連性を明らかにし、職業に従事するために求められる基礎的・基本的知識・技能をはじめ、専門的な知識・技能の形成獲得）、③社会的適応能力の涵養（将来の進路は社会とのかかわり抜

きには考えられない。他者とのかかわりの中での在り方生き方としての社会性の涵養が求められる）があげられる。

　進路指導の活動としては，①自己理解を得させる活動（肯定的自己理解，自己効力感，自立心・自律心の育成，他者の視点から見た自己理解と他者理解，コミュニケーション能力の育成，ポートフォリオの活用等），②進路情報を得させる活動（情報探索方法の習得，インターネット検索の習熟，情報の現物体得，自主的な体験活動，情報の吟味，個性と職務の対比等），③啓発的経験を得させる活動（職場体験〈インターンシップ〉，職業理解，勤労観・職業観の育成，在り方生き方の吟味等），④進路相談の機会を与える活動（入学当初からの進路発達への援助や進路選択の現実的吟味，受験指導一辺倒ではなく人生の案内役をめざした進路指導など），⑤就職や進学時の指導・援助活動（自己の意思と責任による主体的な進路選択，選んだ理由と進路先での抱負が堂々と言える進路選択，進路計画の立案と修正および現実的吟味），⑥卒業者の追指導に関する活動（適合指導でなく適応指導の重視，役割の責任処理と課題解決，人間関係能力の育成，進路先での抱負と努力計画の立案等）があげられる。

e．進路指導の体制

　進路指導は，学校教育活動全体をとおして，全教職員の共通理解と協力指導体制のもとに，計画的・組織的・継続的に展開する必要がある。中学校・高等学校（中等教育学校）の進路指導の体制づくりおよび組織展開において中心的な役割を果たすのが進路指導主事である。進路指導主事は「校長の監督を受け，生徒の職業選択の指導その他の進路の指導に関する事項をつかさどり，当該事項について連絡調整および指導，助言に当たる」（学校教育法施行規則第71条第3項）役割を担い，指導教諭または教諭をもって充てられる（同条第2項）。同主事は，指導主事の担当する校務を整理する主幹教諭が設置されるときには設置されない場合もある（同条第2項）。

　進路指導主事は，進路指導の効果的展開の鍵を握る。進路指導主事には学校内の組織体制を整備し，担任教員との連携をはじめ，学校内の全教職員の連携協力による指導体制の確立とその効果的運用が望まれる。

　担任教員にあっては，進路指導主事との連携のもとに，特別活動のホームルー

ムの時間帯や総合的な学習の時間（総合的な探究の時間）を活用して，教科・科目担当教員にあっては，各教科・科目の目標の中で，学びの意義と将来の進路（夢や希望の具体的実現）との関係性を語り，生徒の進路の方向づけを支援することが肝要である。

進路指導部を担当する教職員は，進路指導主事を中心として，校内における指導体制の整備はいうまでもなく，家庭や地域社会，職業安定所，企業，進学先等（大学，専門学校など）の関係機関との連携を深めるとともに，労働市場の動向も十分に察知し，進路に関する情報を具体的な行動をとおして入手し，進路先の開拓を進めていくことが求められる。

5　生徒指導と進路指導の課題

　生徒指導と進路指導は，人間としての在り方生き方指導である。したがって担当する教師には，今日にいわれるところの教師の骨太で柔軟性に富んだしなやかな「人間力」が望まれるところである。

　生徒指導にあっては，生徒にしっかりと向き合い，指導の矢印を向けることができ，具体的に行動できる力，実践躬行力，そして生徒にとってまた同僚の教師にとって「しずかなすごみ」「たのもしさ」を醸し出し，知らず知らずのうちに影響を与える感化力を備えるべく，自らを鍛え・錬り・磨き続けることが大切である。いじめや暴力行為等に対して求められる毅然とした態度による段階的指導は，ともすれば教師と生徒との間に力のバランスによる「対立的な関係」が切り結ばれる可能性がある。しかし，「対立的な関係」による生徒指導は，対処的な指導に終始しがちである。生徒と向き合って毅然とした態度を保ちつつも，生徒との間に愛と信頼を基軸とした，お互いの心に響き合う「調和的な関係」を切り結び生徒指導を展開することが期待されよう。

　進路指導，キャリア教育にあっては，教師自らが「志」を立て，絶えざる探究心・向上心のもと，教師としての職業的な自己実現にとどまることなく，一人の人間としての自己実現をめざして，「生きる力」を中核とした自らの職能成長・人間的成長に努めていくことが大切である。加えて，社会に対してもしっかりと目と心を開き，社会のあらゆるもの（「環境」）が自らを人間的に成長さ

せてくれる「学び」の対象であるとみなし,「多少の人事は皆是れ学なり」(多少人事皆是学)(佐藤一斎『言志晩録』第263条)をモットーとして,自らを鍛え・錬り・磨き続けることが大切である。また学校に身近な地域社会をはじめとして,社会とのかかわりを積極的にもち,変化する社会に対応し,職業観,勤労観を形成することが肝要となるであろう。

引用・参考文献

1) 文部科学省「生徒指導提要」2010年3月
2) 文部省『生徒指導の手引き〔改訂版〕』大蔵省印刷局,1981年
3) 国分康孝『学校カウンセリングの基本問題』誠信書房,1987年
4) 上寺康司『増補補訂版 現代教師に求められる人間的資質』クオリティ出版,2002年
5) 上寺康司「佐藤一斎の『言志四録』にみる教育・指導の態様と工夫」『福岡工業大学研究論集』第43巻第2号,2010年
6) 八尾坂修『学校改革の課題とリーダーの挑戦』ぎょうせい,2008年
7) 嶋崎政男『生徒指導の新しい視座――ゼロトレランスで学校は何をすべきか』ぎょうせい,2007年
8) 国立教育政策研究所生徒指導研究センター『生徒指導資料第3集 規範意識をはぐくむ生徒指導体制――小学・中学校・高等学校の実践事例22から学ぶ』東洋館出版社,2008年

7章

特別活動と部活動

1 │ 特別活動とは

a. 教育課程と特別活動

　特別活動は，学習指導要領において，各教科や特別の教科道徳などと並んで示される教育課程の領域の1つである。

　学制が敷かれ近代的な学校教育制度がはじまった明治期のころより，すでに学芸会や運動会，さまざまな儀式などの学校行事がそれぞれに教育的意図をもって行われており，また，課外活動としては，生徒たちのスポーツ活動などもみられていた。これらは戦後，民主主義的教育観の導入にともなって性質を変化させながらも，新しく定められた「学習指導要領」の中において「自由研究」や「特別教育活動」として息づいてきた。そして，1958（昭和33）年，はじめて文部省告示となった学習指導要領において「特別教育活動」の名で小学校，中学校，高等学校を通じて整備されることとなった。さらに1968（昭和43）年から1970（昭和45）年の学習指導要領の改訂において，それまで，特別教育活動の中には含まれていなかった学校行事が加えられ，新たに「特別活動」として設置された。こうして，学校教育課程の中に特別活動が位置づけられて今に至っている。

b. 特別活動の特質と意義

　現代の特別活動の特性と，そこからもたらされる教育的意義は次のように考えられる。

❶ 集団活動であること

　特別活動の最大の特徴が「集団の活動」という点である。他者とともにつくり上げていく集団活動を経験する中で，他者とのかかわりにおいて社会性を育み，自律性を獲得し，集団としての秩序を維持していくことを学ぶ機会を得て，よき人間関係を形成する力を培うこととなる。とくに，学級の枠や学年，また場合によっては学校の枠をも越えた活動を含むことは，タテ・ヨコの関係はじめ，さまざまな人との交流体験をもたらし社会的人間としての成長につながる。ギャングエイジにおける集団形成の機会が乏しい昨今，生徒たちはタテの関係を形成することにとくに弱い傾向がある。学級の枠や学年を越えた活動が含まれることは，こうした現代の青少年層にとって貴重な経験であり，多様な集団での活動の経験は，自分や他者のよさに気づくことや，その発現にもつながる。

　また，集団での活動は，このような社会性の涵養の面だけでなく，個人では味わえない楽しさや充実感，達成感を享受できる体験でもある。

❷ 自主的な活動であること

　特別活動は，生徒の自主的な活動でなければならない。教師からの指示に従うのみの活動ではない。自分たちで課題解決に取り組むことは，解決という「結果」だけでなく，生徒に自己実現の感覚を味わわせ，それがひいては前向きな姿勢・態度の形成を助長する。「自主的」な活動であるということは特別活動の全編に流れる特質である。

　もちろん，生徒個々人が勝手気ままに活動してよいものではない。集団での活動である特別活動の中で，互いの個性を認め合い，尊重し，そのうえで集団の目標に向けたそれぞれの在り方や役割を認識して行動することが求められる。それは他者を認知することであると同時に，自己に対する認識を深化することにもなる。

❸ 実践的・体験的活動であること

　特別活動は，実際の生活経験や体験活動による学習，すなわち「なすことによって学ぶ」ことを旨とする。この点も，特別活動のすべての活動に共通する特徴である。

　楽しさをともなう体験活動によって，学ぶ喜びを味わうことは，結果として高い学習効果をもたらす。また，体験することで，抽象的な理解のレベルにあっ

た知識を，実感として学習できる。さらに，課題の達成を期する活動であることは，単なる体験でなく，喜びやおもしろさなど感情面での高ぶりをともなうものとして，学習の効果をいっそう増すことが期待される。

また，こうした体験をとおした活動を生徒同士，また生徒と教師がともにすることは，直接的な交流を活性化し，学校や学級の生活自体を明るく良好なものとしていくことが望まれるものでもある。

❹ 適応する活動であること

特別活動は，学校生活への適応を円滑にする活動でもある。その内容には生活上の課題を見つけ，それを解決し，自分たちの学校生活を快適にしていこうとする活動が含まれる。こうした活動により，学校での生活が改善されることは，良き集団風土を形成し，教育効果を高めることにも寄与することとなる。

また，現代の青少年の課題として，集団忌避の傾向や環境に対する適応力，心的障害に対する耐性の弱さなどがあげられる。集団活動には楽しいことばかりではなく，さまざまな葛藤・軋轢がつきものだ。教員という支援者のいる活動の中で，さまざまな葛藤・軋轢を経験し，それを乗り越えていくことで，少しずつ集団への適応力を高め，集団生活をより良いものにしていく資質を培うこととなる。

2 特別活動の目標と内容

特別活動のめざすところは，教育課程全体とのかかわりもにらみ，「人間関係形成」「社会参画」「自己実現」という3つの視点について，「知識及び技能」「思考力・判断力・表現力等」「学びに向かう力，人間性等」という資質・能力の点から整理される。すなわち，①他者との協働に必要なことの理解と行動の仕方の修得，②課題解決のために必要な協議，合意形成，意思決定の能力の育成，③集団や社会への参画と自己実現に向かう態度の形成である。

こうした目標の下で行われる特別活動の内容には，大きく分けて，学級・ホームルーム活動，生徒会活動，学校行事の3つがある。

a. 学級・ホームルーム活動

　学級（ホームルーム）は，学校生活におけるもっとも基本的な集団単位であって，生徒たちはその大部分の時間をこの中で過ごすこととなる。それゆえここで行われる学級活動は，濃密で，しかも学校生活全般にかかわっていくものである。ゆえに，特別活動において中心的な活動ともいえる。学級活動は，学級集団の一員として学級や学校の生活づくりに積極的にかかわり，そこにある諸課題を見出し，解決を図るために，合意形成や役割分担など他者と協働して実践する。またそれらを生かして，自分自身の課題の解決やキャリアの模索を図るといった活動に，自主的・実践的に取り組む。これらによって，特別活動で育てるべき資質・能力を育成することをめざす活動なのである。

　学級活動は，学校生活の基盤を形成する意味で，生徒個々人の主体的な動きもさることながら，効果的なピアグループの作用，集団としての支持的な風土の醸成がなされることが肝要である。学級という集団が，生徒たちの意識の中で所属集団から準拠集団へと進化することで，学級ひいては学校の生活の質の向上と特別活動のもつ教育的目標の達成に寄与するものとなる。

　その具体的な内容は，以下のとおりである。

❶ 学級や学校における生活づくりへの参画

　役割分担など学級の組織づくりを行い，学級・学校生活についての諸問題を解決しその向上を図るなどの，いわば学校生活を送るうえでの基盤づくりを行う活動。

❷ 日常の生活や学習への適応と自己の成長および健康安全

　社会で暮らす人間としての生き方を探求し，生徒一人ひとりの健全な生活態度や習慣を形成し，また，人間の諸活動の基礎となる健康安全や食を中心に，直面する諸課題への対応をするなどの資質や能力の育成を行う活動。

❸ 一人ひとりのキャリア形成と自己実現

　学ぶことと働くことをとおした人間としての生き方の自覚，日々の学習と進路の選択に主体的に取り組む態度や能力の育成，望ましい勤労観・職業観の形成，将来の生き方と進路の適切な選択などについて考えさせる活動。

　これらには，集団レベルのものと生徒個人レベルのものが混在しているとも

いえるが、それぞれが独立したものではなく、むしろ密接に関連しているものといってよい。学級や学校の生活づくりのためには、集団の一員としての自分を自覚し、そして集団全体に配慮し、より良き集団になるために自分らしさを発揮した活動を主体的に行うことが求められる。こうした活動をとおして得られる経験は、個人の意欲や選択に少なからず影響を与えるものであるし、また、それぞれの資質や能力を磨くものともなる。

b. 生徒会活動

　学級・ホームルーム活動が主として学級単位を対象として行われるのに対し、生徒会活動は学校全体を対象・範囲とする活動である。全校の生徒を会員とした組織によって、学校における自分たちの生活の充実発展や学校生活の改善向上をめざすために、生徒の立場から自発的・自治的に行われる活動なのである。その特徴としては、異年齢の生徒同士で協力し合うこと、また、学校という小社会の一員として学校生活づくりに積極的にかかわり、協力して諸問題を解決しようとする自主的・実践的な活動を行うことにある。これらの活動を通じ、単に学校生活への態度・姿勢を育むのみでなく、生徒会活動の経験を通じて、広い意味での集団や社会の一員として行動するための社会性の涵養を促すものである。

　近年は情報化、都市化、少子化といったことの進む社会状況にあり、生活体験の不足や人間関係の希薄化などの中で育ってきた生徒も多く、社会性の欠如やコミュニケーション力の不足、集団への適応力の低さなどといった点が指摘される。こうした背景のもと、異年齢間やさまざまな集団間での交流や交渉も含む生徒会活動は、以前よりも重要度を増している。

　近年の生徒会活動について、その活動の意義を活かすためにとくに留意すべきは、「学校の全生徒をもって組織」されている点である。とかく、生徒会活動は、一部の選ばれた生徒たちに主導される活動と誤認されたり、多数の生徒の無関心の中に置かれたりしがちである。生徒会活動の本来の目的を正確に理解させ、生徒たちを正しい生徒会活動へと導くことが重要である。

　生徒会活動の具体的な内容として、学習指導要領では以下の3つが示されている。

❶ 生徒会の組織づくりと生徒会活動の計画や運営

　生徒会行事などの諸活動の企画・立案，実施・運営などだけでなく，生徒会という組織自体に関する規則の改廃や各種の委員の選出など，各種の委員会を含めた組織における活動のすべてを含む。これらの活動をとおして学校生活の充実や向上をめざす。

❷ 学校行事への協力

　学校行事は，学校側が計画・実施するものではあるが，生徒がそれぞれの行事の趣旨をよく理解し，これに協力することでより高い効果を得ることができる。よって，学校生活をより豊かで実りあるものにすべく，生徒会の組織を生かした協力や協働を行うものである。こうした体験からは，教師と生徒の信頼関係の醸成や生徒一人ひとりが学校行事に対してアイデンティティをもつなどの効果が期待される。

❸ ボランティア活動などの社会参画

　学校内で行われる活動のほかに，地域のボランティア活動などへの参加，他校との交流，地域の人々との交流など，生徒の学校生活全体の充実・向上に結びつくような学校外の活動も生徒会の活動に含まれる。

　発達段階に応じて，広く学校外の事象とかかわり，その中から社会的意識を培っていくことが重要だ。学校内の活動もさることながら，さまざまな社会貢献活動や社会参加に関する活動は，生徒に社会の一員であるということの自覚と役割意識を深めさせ，社会の中でともに生きるための豊かな人間性を培うとともに，自分を見つめ直し自己実現に向かって人生を切り拓く力を育むうえで大切な活動となる。

　こうした活動の中には，小学校や幼稚園・保育所など，学校段階の違う子どもたちとの交流，地域の高齢者等との交流，障害のある人たちとの交流や共同学習などさまざまな活動が考えられる。そうした活動を経験することで，自分たちをとりまく地域や社会の現状についての理解を深めるとともに，さまざまな人々が暮らす社会についてそこへの帰属意識やその形成者としての意識を強くする。

c. 学校行事

　学校行事は，全校もしくは学年またはそれらに準ずる比較的大きな集団を単位として，日常の学習や経験の結果を総合的に発揮し，その発展を図る体験的な活動である。この活動をとおし所属感や連帯感を深め，協力してより良い学校生活を築く中で，公共の精神や社会的に自立していく資質・態度を育成することをめざす。学習指導要領には，(1)儀式的行事，(2)文化的行事，(3)健康安全・体育的行事，(4)旅行・集団宿泊的行事，(5)勤労生産・奉仕的行事の5つの種類に分けて示されている（表7-1参照）。

　学校行事は，大きな集団による活動であるという点を最大の特徴とし，学級という小単位で繰り返すように行われる活動の多い学校生活にあって，いわば非日常的な体験によって楽しさをともなう活動が多く，日常的な学習活動やその他の学校生活を活性化させる刺激ともなる。こうした特性は，学校全体の雰囲気に影響をおよぼすものであって，「特色ある学校づくり」ひいては学校文化を形成するうえでも重要な活動といえる。

表7-1　各行事の種類・例と学習指導要領にみる特徴

(1) 儀式的行事 入学式，卒業式，始業式，終業式，朝会，記念式など	学校生活に有意義な変化や折り目をつけ，厳粛で清新な気分を味わい，新しい生活の展開への動機づけとなるような活動。
(2) 文化的行事 文化祭，学習発表会，合唱祭，鑑賞会，講演会など	文化祭，学習発表会，合唱祭，鑑賞会，講演会など平素の学習活動の成果を発表し，自己の向上の意欲をいっそう高めたり，文化や芸術に親しんだりするような活動。
(3) 健康安全・体育的行事 健康診断，交通安全指導，避難訓練，運動会，クラスマッチなど	心身の健全な発達や健康の保持増進，事件や事故，災害等から身を守る安全な行動や規律ある集団行動の体得，運動に親しむ態度の育成，責任感や連帯感の涵養，体力の向上などに資するような活動。
(4) 旅行・集団宿泊的行事 遠足，修学旅行，集団宿泊，野外活動など	平素と異なる生活環境にあって，見聞を広め，自然や文化などに親しむとともに，より良い人間関係を築くなどの集団生活の在り方や公衆道徳などについての体験を積むことができるような活動。
(5) 勤労生産・奉仕的行事 職場体験，上級学校の見学，地域社会への協力，ボランティア活動など	勤労の尊さや生産の喜びを体得し，職場体験活動などの勤労観・職業観にかかわる啓発的な体験が得られるようにするとともに，ともに助け合って生きることの喜びを体得し，ボランティア活動などの社会奉仕の精神を養う体験が得られるような活動。

その一方で，学校行事には，さまざまな式典の類などの生徒たちからは敬遠されがちな活動も含まれる。こうした「儀式的行事」に代表される通過儀礼的な行事は，時として生徒たちにとってマンネリ化した退屈なものに映る。しかしながら，これらの活動はシンボリックな側面をもちながら，学校生活に一定の秩序とリズムをもたらすという機能を有する。生徒たちに，楽しい行事ばかりでなく，このような学校生活を引き締める機能をもつ行事の意義と重要性を認識させることも大切だ。そのうえで，前出の生徒会活動や特別活動以外の教育活動などともあわせて，生徒の参画意識を高め，より効果的な学校行事になるように実施していくことが必要である。

3 ｜ より良き特別活動の指導のために

a. 現実的な指導計画の作成

　特別活動の指導の計画，また学校行事等の年間計画の策定にあたっては，学校の実態，生徒の発達の段階といったものを考慮すべきであることは言うまでもない。それに加え，学校内の諸活動と調和のとれた計画であること，また地域特性等にも配慮したバランス感覚に富む計画であることが望まれる。せっかく良い活動，目標を設定しても，発達段階や実態などにそぐわないものでは現実的な計画とはなりえない。

　また，それは特別活動の趣旨に照らし，生徒による自主的・実践的な活動が助長されるものでなければならず，指導の内容や活動の方法は，生徒理解にもとづく必要がある。

　こうした点に十分留意し，年間を通じた学級・ホームルーム活動，生徒会活動，学校行事ごとの目標や内容・方法，指導の流れ，時間の配当，評価の仕方などを示したものが指導計画となる。現実的で学校の特色を活かす創意工夫を加えた計画が求められる。

b. 各教科，道徳，総合的な学習の時間との関連

　各教科，道徳，総合的な学習の時間と特別活動はそれぞれ独立しているもの

と考えるべきではない。とくに，特別活動は，体験的な活動であるという点で，教科や道徳領域での学習を体験として活かすことのできるものであるといえる。指導計画を作成する際にもこの点に留意し，各領域が相互に関連して教育効果を高め合うものとなることが望まれる。

なかでも，総合的な学習の時間は，方法の面で体験的・問題解決的な取り組みを重視し，内容面でも総合的・横断的で，しかも体験的・実践的であることなど，特別活動とよく似ている。そのうえ，総合的な学習の時間には学習活動による学校行事の代替が認められてもいる。集団活動を前提とする特別活動に対して，総合的な学習の時間では個人での課題解決活動なども含まれており，両者の違いを理解したうえで，相互に関連させた指導が効果的である。

c. 連携・協働

特別活動には，たえず現代的な課題への対応が求められる。指導者は，日ごろから教育やそれをとりまく社会の状況に対する感覚を磨いておきたい。

同時に，指導者個人での，あるいは学校単独での対応限界も認識されねばならない。個人や単独でできないと思われることについては，これを補完し，より効果的な教育活動にするために，校内の教員同士の協力関係はもちろんのこと，学校外である家庭や地域あるいは事業所等，外部組織・団体・人員との連携・協働やさまざまな関連施設の活用を推進して効果を高めていくことが必要である。場合によっては，生徒たちと同レベルの立ち位置に立って協働するということもありうる。

望むべくは，連携・協働を行うための感覚や技術の錬磨に努める姿勢である。

d. ガイダンスとカウンセリングの充実

近年の特別活動においては「ガイダンス機能の充実」が強調されてきた。「ガイダンス」は，「生徒指導」のルーツとなった概念でもあるが，特別活動の中においては，学級・ホームルームや学校生活への適応，進路の選択における主体的な取り組みや選択などについて，生徒一人ひとりの可能性を最大限に開発しようとする指導・援助だといえ，具体的には主として集団の場面で行われる情報提供や案内，説明およびそれらにもとづいて行う学習や活動をいう。

ガイダンスが集団ベースで行われるものである一方，生徒一人ひとりに対するきめ細やかな支援を行うものがカウンセリングである。多様な生徒一人ひとりの実態に即した適切な指導を行うためには，集団だけでなく個別の教育活動が重要である。学習指導要領にも「主に集団の場面で必要な指導や援助を行うガイダンスと，個々の生徒の多様な実態を踏まえ，一人一人が抱える課題に個別に対応した指導を行うカウンセリングの双方により，生徒の発達を支援すること」と述べられている（中学校学習指導要領，第1章 総則）。ここでいうカウンセリングとは専門家による面接や面談というものではなく，生徒個々に応じて日ごろ行われる意図的な言葉がけや対話等を幅広く指すものであり，そうした細やかな生徒個々への目配りや心配りが，ガイダンスと補完する形で生徒の発達を支える重要な機能を発揮する。

　特別活動の特徴の1つは，生徒の自主的な活動であること。これこそが，より良い生活や人間関係を築くための力を獲得し内在化させるための基本となる。近年は，過度の成果主義のために目に見える「結果」を求めるケースも少なくない。だが，結果が出ないことは即失敗ではない。本当に生徒たちに培わせるべきものは何かを考え，希望や目標をもって達成感を味わうことのできるものへと導きたい。そのためには，生徒たちの取り組むプロセスの部分を導くガイダンスやカウンセリングの機能，支援の活動の重要性の認識が大切である。そして，そこには自主的・実践的活動である特別活動の「的」の字の存在，すなわち単なる生徒たちの自主・実践活動ではないことの意義も考えておきたい。

e. 異年齢，異文化との交流を大切に

　特別活動は，各活動・学校行事において学級・学年の枠を越えた活動を行い，異年齢集団による交流を活性化する機能を有する。異年齢集団による交流活動は，上級生としての自覚や責任，下級生としての役割などもさることながら，生徒同士のさまざまなかかわりの中で，多様な人間関係について学ぶ効果や他者の役に立つ喜びを得て，自己肯定感を育むなどの効果も期待できる。

　また，同様に，他の学校の生徒や他の学校段階の子どもたちとの交流，また地域のさまざまな人々，高齢者，障害のある人々といった自分の学校の外にいる多様な存在と交流することも特別活動の大きな特色といえる。同質的な学校

内の集団からすると異文化ともいえるこうした存在との交流を盛んにすることは、社会性や人間性の涵養につながるばかりでなく、一人ひとりの生徒が自己有用感や自己肯定感を得るためのきっかけとなりやすい。

生徒や学校・地域の実態に応じて、こうした多様な「異なる」存在との交流の機会を豊かにしていくように努めたい。

4 部活動の位置づけと意義

a. クラブ活動と部活動

部活動は、もともと学校教育活動の一環としてスポーツ等を取り入れたものをはじまりとし、戦後すぐの学習指導要領では「自由研究」の中に位置づけられた。後に「クラブ活動」が特別活動の一領域になってからは、部活動が教育課程の中に位置づけられることはなくなり、一方で正課として週1回の「クラブ活動」が実施されてきた。

しかし、実際には「部活動」は、課外活動として盛んに行われてきており、この実態を反映する形で、1989（平成元）年度の学習指導要領改訂時に部活動への参加をもってクラブ活動の一部または全部の履修に替えることが明示され（いわゆる「部活動代替措置」）、さらに1998（平成10）年度の改訂において、部活動が実施されている実態に鑑みて、中学校と高等学校での特別活動におけるクラブ活動は廃止されることとなった。

b. 部活動の教育的意義と効果

2002（平成14）年9月の中央教育審議会答申では「運動部活動は子どもの

表7-2 中学校と高等学校におけるクラブ活動と部活動の位置づけ

年度		1969（昭和44）年～	1989（平成元）年度～	1998（平成10）年度～現在
教育活動	教育課程	クラブ活動	（クラブ活動）	
	教育課程外	部活動	部活動	部活動

東京都教育庁指導部指導課編集「部活動基本問題検討委員会報告書」東京都教育委員会、2005年、p.5の表を加筆・修正。

体力向上に有効であることに加え，子どもの自主性や協調性，克己心，フェアプレーの精神を育むなど教育的効果も大きく……」と述べる。このように，部活動の教育的な意義や効果については，肯定的な見方が大勢を占めており，生徒たちが自発的・自主的に活動を行う中で，人間関係を学ぶことができる点や精神的成長の側面を強調されることが多い。

こうした部活動と教育課程との関連について，学習指導要領においても部活動が「スポーツや文化，科学等に親しませ，学習意欲の向上や責任感，連帯感の涵養等，学校教育が目指す資質・能力の育成に資するものであり，学校教育の一環として，教育課程との関連が図られるよう留意すること」と述べられている（中学校学習指導要領，第1章 総則）。その教育的意義を認め，教育効果を高めるものとして，正課の活動と関連づけていこうとする姿勢が示されている。

部活動は，生徒同士のかかわりだけでなく，顧問教員や活動の指導や支援にかかわる人々との緊密な交流の機会もあり，社会性の涵養に大きな力を発揮する。それのみならず，活動への取り組みの中で自己と向き合い，自己理解を深める機会が多い活動でもある。学校教育の中で，こうした部活動の意義・効果を考えて，適切に活動を促進していくことが求められる。

c. 部活動の実施をめぐる課題

近年，学校が抱える課題がより複雑化・困難化する中，過酷ともいえる学校教員の勤務実態が問題とされてきた。これについて，文部科学省は「学校における働き方改革に関する緊急対策」（以下「緊急対策」）を出してその改善を試みている。

なかでも，課外活動である部活動は，教育課程に位置づけられていないことで，学校の管理下にありながら，教育活動としての位置づけが明確でなく，ゆえに，指導の体制も顧問教諭のボランタリーな部分に依存するところが大きいのが実態だ。また，教育的効果だけでなく，いろいろな意味で期待をされることの多い活動であるという側面もある。こうしたことから，部活動は教員たちにとって大きな負担となってきた。

一方，活動が過熱し，勝利至上主義になったり，行き過ぎの指導によって障害を招いたりと，教育とは一線を画すような問題点が指摘されることも以前か

ら少なからず存在した。保護者や地域社会の過度の期待の存在によって、顧問教員の配置や異動に地域・保護者が異を唱えたり、部活動ができないからと小規模校を忌避して転校させたりなど、時に部活動が学校運営にかかわるトラブルの原因となるケースもみられる。また、部活動の内容に対して教員が専門性を有しておらず、誤った指導や不適切な指導をしてしまったり、そうでなくても部活動というもの自体がある種、忍耐や精神力を培う場としてとらえられる傾向にあり、生徒たちに過大な負荷を与えることや厳しすぎる指導が行われやすい。放課後や休日のすべての時間を練習に費やしたり、中には体罰を伴うような過激な指導をしたりする「ブラック部活」と称されるものも少なからず見られた。

　こうした問題に対して、緊急対策においては、部活動を「学校の業務だが、必ずしも教師が担う必要のない業務」として、部活動指導員や外部人材を積極的に参画させるよう促すこととしているほか、学校の規模や状況に応じた部活動数の適正化、地域スポーツクラブ等との連携、活動時間や休養日の基準設定、また場合によっては学校の枠を越えた合同チームや地域単位の活動といったことを行うように呼びかけている。

　部活動の問題は、社会的な問題として深刻にとらえられ、2018（平成30）年にはスポーツ庁が「運動部活動の在り方に関する総合的なガイドライン」を、文化庁が「文化部活動の在り方に関する総合的なガイドライン」を示して、教育活動の一環として適切な実施がなされることを促している。これらにおいては、部活動を適切に運営するための体制整備、適切な指導を行うための合理的かつ効率的・効果的な活動の推進、適切な休養日等の設定、地域と連携するなどの生徒のニーズをふまえた活動環境の整備、大会等への学校単位での参加の見直しといったことを提唱している。これらの事項は前出の緊急対策においても言及されているものであり、働き方と部活動の内容の両面において教職員をはじめとした部活動関係者の意識改革が求められるものである。

　近年は、地域のスポーツ環境等の変化も著しい。部活動をめぐる問題を考え、生徒にとってより良い活動にしていくには、教職員など学校側はもとより、保護者や地域、さらには関係する機関・団体等の間で、共通理解を図り、協働して対応していくことが、適切で合理的な部活動の運営の実現につながる。

5 特別活動・部活動の充実をめざして

a. 留意すべき今日的課題

　近年の学校教育においては，さまざまな課題が認識され，その内容・制度の変更もめまぐるしい。特別活動をより良く行うにはこれらの状況への理解と対応が必要といえる。

　これらの課題の1つに学校段階間の接続の問題があげられる。中1ギャップは小中一貫教育の推進の背景ともなっている問題だ。所属する集団が変化することに対して，スムーズな適応ができない生徒が多い。ガイダンス機能の充実が求められる所以でもある。特別活動は学校生活への適応を円滑にすることを目的とする活動でもある。こうした問題に対応し，より良い学校生活の形成に資するようにするために，学校の内だけでなく，外の事情，子どもたちをとりまく環境や地域社会の課題など，今日的な変化や課題に通じておくことは，より良い特別活動を指導するための基本ともいえる。特別活動は，たえず現代的課題に対応していく活動でもある。

b. より良き指導者として

　上記のような現代的課題への対応をするためにも，教員にはたえず学習する姿勢が求められる。もちろん，特別活動に限らず教員は学び続ける存在でなければならないが，特別活動は，とくに教員の裁量が多く認められる活動であって，その豊かな見識と教養なくしては，生徒たちの活動に対する柔軟な対応や豊かな学びを支援することが難しい。生涯学習者であること，これが特別活動のより良き指導者としての教員に求められる姿勢の1つといえよう。

　もう1つ，特別活動のより良き指導者たる資質として，コーディネーターやファシリテーターたることもあげておきたい。他の領域と異なる特別活動の特徴に，生徒たちの自主的・実践的な活動であるという点がある。活動の集団をどのように調整し，そして進めていくか。コーディネーター，ファシリテーターとしての教員の力量が問われる。とかく，「指導」ということに慣れた教員と

しては，生徒たちの活動が自身の意図する方向に向くようレールを敷いてしまいがちだ。そのほうが，計画どおりに進み，結果にもつながりやすいかもしれない。だが，特別活動の真の目標の達成のためには，支援者たる教員の姿が求められる。

コーディネーター，ファシリテーターとしての資質は，校内外の人員と連携・協働を行う場合にも必要な力だ。人と人を結びつけ，集団としての力を発揮させるためにはこの力が欠かせない。加えて，校外との調整者たるためには，教師自身が地域人になること，学校の存在自体が地域に根ざしたものとなっていくことの大切さも感じるところである。

c. より良い学校教育のために

学校教育の課題が多様化，複雑化，困難化を増す昨今，それらの課題に対応する政策の実施も枚挙にいとまがない。だが，そうした新しい策の展開は必ずしも有効に機能しているようには見受けられない。一方で大学に入ってきた学生たちが短い間に大きく成長する姿をみることは少なくない。こうした学生たちに共通するのは，キャンパスライフの中で，それまではなかったさまざまな他者との交流，体験の機会を得ているということである。

こうしたことを目の当たりにして，あらためて学校教育における特別活動の存在の意義を思う。対症療法的な策の追加を重ねるのではなく，それぞれの策が効果的に機能するように，教育課程の中でのリストラクチャリング，とくに，特別活動をベースに再構築することの有効性を思う。特別活動は生徒の自主的・体験的な活動であり，集団の活動であり，そしてまた学校生活をより良く過ごさせるための活動でもある。学校という集団にあって，その風土・文化をより良いものにすることで得られる効果は計り知れない。学校の風土・文化の形成に大きく影響する生徒集団の自主的な活動，すなわち特別活動や部活動を大切にしていきたいものだ。

最近の大学生たちは「教えてもらう」ことに慣れすぎていると感じる場面が多い。答えにいたるプロセスは脇に置いておいて，単純に「答え」を求める。スリムで直線的な学びを好む。だから自分で答えを探したりすることは苦手だし，明快な答えのないものにはからっきし弱い。本当の「学び」の力を獲得さ

せねば学力向上の策も十分な効果は望みえない。ここにこそ新しい学習指導要領で示されている「主体的・対話的で深い学び」の意義がある。

　教育・指導の営みは，大人（教員や保護者）の側の希望的・観念的な枠組みを一方的に受容させる形が少なくない。学習の評価も素直にそれを受容する者に対して高く行われがちだ。そうした中にあって，特別活動は，「教わる」から「学ぶ」への転化を「強化」する特性をもつ領域として，その存在意義は大きい。学校での学習を「理解する」こと，そしてそれが，学校生活についてだけでなく，自らの人生や，さらには社会の諸相と結びついてわかっていくことで，学びの質はいっそうの高まりをみせる。そうした本物の学びがあってこそ，社会をわたっていく資質・能力，「生きる力」を身につけ，そして，学びを続けていく姿勢が培われることとなる。

　学校における生活と学びの質の向上を考えるに際して，特別活動の意義と活用に思いをめぐらせたいものである。

引用・参考文献

1) 相原次男・新富康央・南本長穂編著『新しい時代の特別活動──個が生きる集団活動を創造する』ミネルヴァ書房，2010 年
2) 白井慎・西村誠・川口幸宏編著『新特別活動』学文社，2005 年
3) スポーツ庁「運動部活動の在り方に関する総合的なガイドライン」2018 年
4) 高旗正人・倉田侃司編著『新しい特別活動指導論』ミネルヴァ書房，2004 年
5) 東京都教育庁指導部指導課編集「部活動基本問題検討委員会報告書」東京都教育委員会，2005 年
6) 日本特別活動学会編集『キーワードで拓く新しい特別活動』東洋館出版社，2000 年
7) 藤田晃之編著『平成 29 年版 中学校新学習指導要領の展開　特別活動編』明治図書出版，2017 年
8) 文化庁「文化部活動の在り方に関する総合的なガイドライン」2018 年
9) 文部科学省「運動部活動での指導のガイドライン」2013 年
10) 文部科学省「学校における働き方改革に関する緊急対策」（平成 29 年 12 月 26 日文部科学大臣決定）2017 年
11) 文部科学省『中学校学習指導要領（平成 29 年告示）解説　特別活動編』東山書房，2018 年
12) 文部科学省『高等学校学習指導要領（平成 30 年告示）解説　特別活動編』東京書籍，2018 年
13) 文部科学省国立教育政策研究所教育課程研究センター『学級・学校文化を創る特別活動〔中学校編〕』東京書籍，2016 年

8章

中等教育の経営

1 中等教育の学校経営

a. 中等教育の学校経営の特徴

　学校教育の営みは、生徒と教師、保護者と教師、生徒同士、教職員同士、学校と地方自治体の教育行政など、直接、間接にさまざまな関係性の網の目の上に成り立っている。中等教育の場合、とくに生徒と教師、教職員同士の関係が小学校と異なっている。

　まず、生徒と教師は、小学校の児童と教師のように、ほとんどの時間をともに過ごすわけではない。小学校では、授業のほとんどを担任の教師が担い、給食や掃除などを児童と教師がともに行い、情緒的にも親密な関係が形成されやすい。一方、中等教育の学校では、ホームルームとその担任がいて一定の継続的な関係が形成されるが、授業は科目ごとに異なる教員が担い、また自己主張が強まる思春期の子どもに対して、彼ら／彼女たちを支えるだけでなく管理するという側面が生じる。

　次に、教職員間の関係が、小学校までの「学年団」を中心とした組織編成と異なり、教科担当者別、あるいは生活指導や進路指導といった校務別の編成にもとづくものになる。中等教育の経営においては、頻繁に顔を合わせてわかり合えるといった共同性よりも、分担された役割を効果的に遂行するという機能性がより前面に出てくるため、組織マネジメントの発想がより必要になってくるのである。

b. 学校経営改革の方向性

　地方分権、規制緩和、情報公開、住民参加等を促す社会運営の在り方が見直され、このことが従来の学校経営の考え方にも影響を与えているといえる。現在の学校経営の在り方の方向づけの基礎となっているのは、1998（平成10）年の中央教育審議会答申「今後の地方教育行政の在り方について」であろう。この答申において、学校経営にかかわって、次の4点が方向性として示されている。

　第1に、学校経営の裁量性が拡大される方向にシフトした。個々の学校には従来、一定の裁量が認められている。しかし、文部科学省を頂点として、都道府県教育委員会、市町村教育委員会を経る「指導・助言」等が通知などとして現場に届くという上意下達式の在り方が、現実には支配的となっていた。こうした状況では、個々の学校や地域が抱える問題を克服したり、独自にねらいを定めて個性的な学校経営を行ったりしていくことができない。そこで、学校により大きな裁量を認め、またそれを活かしていく学校経営を求めるようになったのである。

　第2に、校長のリーダーシップ強化による、組織的・機動的な学校運営の体制基盤づくりが求められている。学校をとりまく環境の変化が速くなり、また大きくなってきている今の社会では、意思決定のスピードや思い切った決断が求められることが多くなる。日本の学校組織は、教師という専門家の集団であり、校長も教師が昇進する職として位置づけられてきたため、同じ専門家同士としての民主的で平等な議論が尊重されてきた。このことが迅速な意思決定を妨げるような状況もないとはいえず、学校組織が社会的な環境の変化に即応できないといった事態ももたらしている。したがって、校長の権限を拡大して、その強力なリーダーシップのもとに学校組織を機動的に経営することをめざすという方向性が示されたのである。

　第3に、学校評価とアカウンタビリティによる学校の責任体制化があげられる。個々の学校の個性を活かした自律的な学校経営への変化を促すにあたり、その学校の特色が何なのかが問われるようになってきた。学校は、一定の基準に従いながらも、個性をもつ存在としてその多様性が認められるようになってきたのである。とすると、学校の利用者（児童生徒、保護者）サイドからすると、

ではこの学校はいったいどのような学校なのか，何に価値を置き，どのような実践を行っているのかなどが明らかにされなければならない。そのため，学校に対する評価とその公表，学校が自ら行っていることを外部に向けて説明する責任が強調されるようになってきたのである。高等学校は生徒に選ばれるためにその価値を示す必要があり，公立中学校においても学校選択制とセットになる場合，情報発信はより重要になる。こうした方向性は，学校が自らの学校経営の実践をふり返り，明示し，改善していくことにより，学校の教育の質を向上させていくことを促すエンジンとしても期待されている。また学校が，緩やかに結びついた専門家の集団というより，明確な目標とその成果を評価される1つの機能的なシステムとしてとらえられるようになってきたともいえる。

　第4に，地域住民の学校運営への参画がめざされてきている。児童生徒を教育するという営みは，学校，家庭，地域社会の関係性の中で互いが自然にそのコミットメントのバランスを調整しながら発展してきた。しかし現代では，地域社会の在り方や，児童生徒の生活形態や家庭での成育環境の変化から，生徒の教育の比重が学校に過剰に大きくかかるようになってきて，学校だけで解決することが困難になってきた。一方で学校が，自閉的で自己完結した組織となってしまって，問題が起こっても体裁を繕うことにエネルギーが費やされるといった事態もみられるようになってきた。こうした閉塞(へいそく)的な状況を改善するために，第三者が学校の経営に関与しながら，良識的なチェックを働かすという，開放的なシステムによる学校経営が求められている。このことは同時に外部からの不要な干渉も導いてしまうが，学校側は説明責任を試され，社会の良識に照らした省察的な経営を迫られ，また地域社会に，学校とともに児童生徒を育てるという気運が広がるという意義をもっている。さらに，より主体的な住民参加をめざした「コミュニティ・スクール」も進められている。

　こうした改革の方向性は，まさに学校の主体的・自律的で積極的な「経営」が求められている時代になってきたことを示している。

2 中等教育の学校の組織と運営

a. 学校経営の組織

　学校教育法により，学校には従来，校長，教頭，教諭を置くこととされている。また，「調和のとれた学校運営にふさわしい校務分掌の仕組みを整える」（学校教育法施行規則第22条2）ために，主任・主事を置くことができる。教務主任，学年主任，保健主事が置かれ，中等教育の学校においては，その機能分化に応じて，生徒指導主事，進路指導主事も置かれる。

　さらに，2007（平成19）年の学校教育法の改正により，学校における組織運営体制や指導体制の確立を図るために，副校長，主幹教諭，指導教諭という職を置くことができることとされた。

　それぞれの職務内容は以下のようになっている。なお，以下の条文は小学校についての規定を示しているが，中学校，高等学校，中等教育学校に準用される。

　校長は，「校務をつかさどり，所属職員を監督する」（学校教育法第37条4）。学校の経営に係る一切の教育，事務を掌握し，遂行していく責任者であり，教職員すべてに対してその監督の責を負っている。

　教頭は，「校長を助け，校務を整理し，及び必要に応じて児童の教育をつかさどる」（同法第37条7）ことをその職務としており，「校長に事故があるときはその職務を代理し，校長が欠けたときはその職務を行う」（同法第37条8）。教頭は，学校経営のいわば調整役であり，また校長のリーダーシップを補う職務である。

　上述の学校教育法改正で加えられた各職の職務内容は次のように規定されている。

　副校長は，「校長を助け，命を受けて校務をつかさどる」（同法第37条6）とされており，教頭に比べて，調整役やパイプ役ではなく，校長の補佐という意味合いが明確になっている。

　主幹教諭は，「校長等を助け，命を受けて校務の一部を整理するとともに，児童の教育等をつかさどる」（同法第37条9）とされ，教頭に比べて，現場で

表8−1　中等教育の学校に置かれる職種と設置形態

学校種別	必置	置かないことができる		置くことができる
		特別の事情	当分の間	
小・中学校	校長・教諭	教頭・事務職員	養護教諭	副校長・主幹教諭・指導教諭・栄養教諭・助教諭・講師・養護助教諭・必要な職員
	学校医・学校歯科医・学校薬剤師			
高等学校	校長・教頭・教諭・事務職員			副校長・主幹教諭・指導教諭・養護教諭・栄養教諭・養護助教諭・実習助手・技術職員・その他必要な職員・助教諭・講師
	学校医・学校歯科医・学校薬剤師			
中等教育学校	校長・教頭・教諭・事務職員		養護教諭	副校長・主幹教諭・指導教諭・栄養教諭・実習助手・技術職員・その他必要な職員・助教諭・講師
	学校医・学校歯科医・学校薬剤師			

窪田眞二他『平成21年度教育法規便覧』学陽書房，2008年より作成。

の教育実践にもより直接かかわりながら，学校経営の幹部組織の一部を担うことになる。以上2つの職において，校長の「命を受けて」，とあくまで校長のリーダーシップのもとにあることが強調されており，校長のリーダーシップの強化という施策動向に沿ったものとなっている。

　指導教諭は，「児童の教育をつかさどるとともに，他の教諭等に対して，教育指導の改善・充実のために必要な指導・助言を行う」（同法第37条10）こととされ，同僚や後進の専門職的成長を促すメンターとして位置づけられている。このことは教師が採用時に完成された専門家ではなく，キャリアの中で成長していく存在であるという認識をさらに明確に打ち出したものであり，教育職員免許法の改正において示された教員免許の更新制（教育職員免許法第5条2）と連動している。

　なお，これらの職種とその設置については，表8−1のとおりである。

b．学校組織の運営

　学校組織を運営していくうえで，組織的な意思形成・決定が重要な要素の1つである。組織の成員は組織としての意思決定に従って仕事を進めていくことになるが，その内容あるいは手続きに納得ができなければ，あるいは意思決定

に参画しているという意識がもてなければ，職務への意欲や満足度に影響し，仕事の質に問題が生じるおそれがある。また，先にも述べたとおり校長の権限は強化されたが，実際の運営においては，教職員個々の専門的な見識が大いに発揮されるべきである。そこで「職員会議」が置かれる。職員会議の性格については大きく3つの見解がある。第1に，校長の職務遂行のための補助機関または諮問機関という考え方，第2に，教員の専門性に照らして，職員会議を意思決定機関とする考え方，第3に，職員による学校経営への参画ととらえる見方である。

法的には2001（平成13）年の学校教育法施行規則の一部改正で，校長の職務の「円滑な執行に資するため，職員会議を置くことができる」（学校教育法施行規則第23条2）とされ，補助機関として位置づけられた。しかし，運用するうえで，上記第2，第3の位置づけにも配慮することが望ましいことはうまでもない。

職務を効率的・効果的に遂行していくためには，諸業務のふり分けが必要になってくる。これが「校務分掌」である。校務分掌は学校によりさまざまだが，おおむね，総務部（予算，広報など），教務部（教育課程編成，行事など），研修部（研修計画・実施など），研究部（授業研究など），生徒指導部（生活指導，相談など），保健部（健康管理など）などが置かれる。また必要に応じて委員会を設置するなど各学校で工夫されている。

c. 何を経営するのか

学校経営の対象となるタスクには次のようなものがあげられる。

第1に，学校のビジョンの創出である。個々の学校の個性や特色が重視される時代において，学校がどのような児童生徒を育てることをミッションとしているのか，学校が何に価値を置き，そのために何をしていくのか，といった，学校が進んでいくべき方向性についてのグランド・デザインである。これは，生徒にどのような力をつけたいのか，家庭や地域社会の特性はどのようなものか，学校が生徒，保護者，地域から何を求められているのか，教職員の専門性，資質・能力がどのようなものかといった変数によって検討され，定義されていく。

第2に，学校ビジョンにもとづいて，学校経営計画を策定していくことであ

る。学校ビジョンを実現するための、具体的な行動計画である。その基盤としての、組織編成や運営の在り方の立案も含む。これには、短期、中期、長期の計画があり、教育委員会は3年程度の中・長期的な展望を求めるようになってきている。また目標とその達成時期について、目標の数値化も含めて、設定することが求められるようになってきた。そして達成度を事後に評価して説明責任を果たし、新たな計画につなげることが求められている。学校は、かつてに比べて、組織としての成果をより目に見える形で示すことが求められるようになってきているのである。このことが、教室での教育実践に、ポジティブにせよネガティブにせよ、どのような形で影響をおよぼすのかについては、検討し続けていく必要があるだろう。また、学校に対する補助金等の弾力的な運用や特色ある学校への重点的な配分などが広まる傾向にあり、学校事務・財務について自律的な運用の余地が広がりつつある。資源の効果的な調達や利用についても、計画的な経営が求められている。

　第3に、学校評価があげられる。学校評価には、自己評価、保護者等の関係者による学校関係者評価、自己評価を外部機関がチェックして認証する形の自己評価、外部機関による第三者評価などの形態がある。アカウンタビリティが重視される昨今では、学校が何らかの評価を自らに課し、その結果を公表していくことは不可避である。ここでは、大きく2点の課題を指摘しておきたい。1つは、評価が点つけや格づけのためのものでなく、利用者への説明責任を果たすことと、学校自身の教育や経営の改善への資料となるものであるという意義を確認することである。もう1つは、評価尺度を絶対視せず、評価尺度自体の妥当性も検討しながら、評価の在り方自体を改善し続けることである。教育とその経営という営みに、成果主義と呼ばれるエートスが無自覚にしみこんでしまわないよう、数値化できるもの、短期的に測定できるものと、そうでない実践の諸要素をきちんと仕分けすることが必要である。

　第4に、教育実践に密接にかかわるものとして、教育課程の経営があげられる。教育課程とは、発達段階に応じて生徒たちが学んでいく内容の体系化された総体である。繰り返し述べてきたように、個々の学校ベースの自律的な経営が求められるようになってきた昨今では、教育課程も、学習指導要領をそのままなぞるのではなく、個々の学校のビジョンや特徴、地域社会の特質などを考

慮した，School-Based-Curriculum-Development（SBCD，学校に基礎を置くカリキュラム開発）が強調される。学習指導要領では，従来，教育課程について「諸法令を踏まえ地域や学校の実態および児童生徒の発達段階を考慮して各学校が編成する」とされていた。近年の動向は，「各学校が」の部分により実質的な意味をもたせることが意識されたものだといえる。カリキュラム開発に際しては，生徒の学力や発達の多様性について，特別な支援を必要とする生徒の状況も含めてマネジメントしていくことが必要である。

　第5に，危機管理があげられる。いじめ，不登校，暴力，非行など教育実践上の諸課題，保護者や地域とのトラブル，事故，災害等に対する危機管理について，直接関係する個々の部署や担当者における取り組みはもちろんのこと，組織としてどのような考え方のもとで，どのような体制で，どのような手順で危機への対応に臨むかについてのフローが策定され，共有される必要がある。ただしその際，手順に従って対応しさえすれば事足りるというマニュアル主義に陥らないようにしなければならない。

3 ｜ 中等教育の学校経営の過程

a. P-D-C-A サイクル

　学校経営の過程は，P-D-S（Plan-Do-See ＝計画－実践－評価）または，P-D-C-A（Plan-Do-Check-Action ＝計画－実践－評価－改善）というサイクルで示すことができる。近年では，評価と改善を明確に意識した後者が主流となってきている。

　まず，それまでの実践と生徒の状況にもとづいて，目標の明示された計画が策定され，次にその計画にもとづいて現実的な調整のもとで実践がなされ，その結果を目標に照らして評価し，さらに評価の結果を受けて改善に取り組むというサイクルである。ここで重要なことは，このサイクルが1周で完結しているものではないということである。

　基本的に，このサイクルは絶えることなく繰り返され，また同じトラックを周回するのではなく，らせん状に上昇していく，つまり学校における教育の質

が，サイクルの循環とともに向上していくものと考えたい。現実的には上昇というより状況に応じて変化していくという性質のものなのかもしれないが，質の向上を意識するための理解の仕方と考えよう。

また，P-D-C-Aサイクルは，学校経営という視座から考えると，入れ子構造になっているということも理解しておきたい。たとえば，教育課程の経営について考えてみると，ある教科の個々の単元におけるカリキュラム・マネジメントから，学期・学年をとおしてのマネジメント，中学校であればその3年間のマネジメントがあり，また全教科をとおしてみた場合のマネジメントが，やはり時間的なスパンごとに想定できる。

b. 誰が学校を経営するのか

では，学校を経営するのは誰なのか。「経営」というからには，経営者，つまり校長がまずその責を明確に負うことになるが，専門家の集まりである学校においては，経営の過程に，一人ひとりの教職員の参画が欠かせない。このことは自律的な専門家としてのモラール（やる気）にもモラル（倫理）にも関係してくる。また，先に述べたように，学校経営過程が大小さまざまなP-D-C-Aサイクルで成り立っているとすれば，実践的に，すべての教職員がかかわっていることになる。校長の制度上の権限がより強調されるようになってきているとしても，その判断のもとになるのは，一人ひとりの教職員がその実践において得た専門的な知見である。

さらに近年，学校の開放性や透明性，説明責任への要求が高まり，制度としても明確化されてきた。そして学校経営に，保護者や地域住民も，場合によっては生徒も関与することが普及しつつある。またその関与の仕方も，学校の説明を受けて了承するといったスタンスから，学校ビジョンの策定や学校経営計画策定への参画といったより積極的なものへと変化してきた。このことは多様な考えや意見の学校経営への流入を意味する。こうした情報を効果的に扱い，活用することも学校経営上の課題の1つである。

4 校長のリーダーシップ

　ここまで述べてきた中等教育の学校経営の諸課題について，校長には，学校組織においてリーダーシップを遂行する専門家としての役割が期待されている。しかし，日本の教員養成において，校長職としての養成は行われていない。

　こうした状況に鑑みて，日本教育経営学会が検討を進め，2009（平成21）年に『校長の専門職基準〔2009年版〕──求められる校長像とその力量』（以下，『基準』）を提案した。本節では，この『基準』に依拠しながら校長のリーダーシップの在り方について考えてみよう。

　『基準』では，専門職としての校長像を構成する基準として，以下の7つを示している。

---

①学校の共有ビジョンの形成と具現化
　　校長は，学校の教職員，児童生徒，保護者，地域住民によって，共有されるような学校のビジョンを形成し，その具現化を図る。
②教育活動の質を高めるための協力体制と風土づくり
　　校長は，学校にとって適切な教科指導及び生徒指導等を実現するためのカリキュラム開発を提唱・促進し，教職員が協力してそれを実施する体制づくりと風土醸成を行う。
③教職員の職能開発を支える協力体制と風土づくり
　　校長は，すべての教職員が協力しながら自らの教育実践を省察し，職能成長を続けることを支援するための体制づくりと風土醸成を行う。
④諸資源の効果的な活用
　　校長は，効果的で安全な学習環境を確保するために，学校組織の特徴をふまえたうえで，学校内外の人的・物的・財政的・情報的な資源を効果的・効率的に活用し運用する。
⑤家庭・地域社会との協働・連携
　　校長は，家庭や地域社会のさまざまな関係者が抱く多様な関心やニーズを理解し，それらに応えながら協働・連携することを推進する。

> ⑥倫理規範とリーダーシップ
>   校長は，学校の最高責任者として職業倫理の模範を示すとともに，教育の豊かな経験に裏づけられた高い見識をもってリーダーシップを発揮する。
> ⑦学校をとりまく社会的・文化的要因の理解
>   校長は，学校教育と社会とが相互に影響し合う存在であることを理解し，広い視野のもとで公教育および学校をとりまく社会的・文化的要因を把握する。

　①における，学校の「ビジョン」とは，『基準』の注記によると，「目指すべき将来像であり，近い将来に実現すべき価値を意味する」とされている。つまり，それは抽象的なスローガンなどにとどまらない，実現すべき目標として機能するものである。

　②と③では，教育および教職員の質の向上のために，システムを整備することにとどまらず，組織風土を醸成することが求められている。学校組織のリーダーシップが，公式な側面の管理や運営にとどまらない，風土や雰囲気，文化といった非公式な側面の組織マネジメントにおよぶことが明示されている。また，教師の専門性を，組織の一員として協働し，成長し続ける省察的実践者としてとらえていることがうかがわれる。

　④では，資源の有効活用という「経営」の基本的な側面を示しているが，その際，人や情報がその対象とされている。近年注目されている，知識（教育においてはとりわけ実践知）をいかにマネジメントするかという知識経営（knowledge management）を視野に入れたとらえ方だといえよう。

　⑤では，学校組織が，いわば「外部」の家庭や地域社会と連携するだけでなく，協働する，つまりともに学校経営に参画するというスタンスを促している。校長は単にリードするだけでなく，開かれた学校において学内外の人々をコーディネートするという役割を負うようになってきているといえる。

　⑥と⑦では，学校組織のリーダーシップの基盤として，倫理と高い見識や社会・文化への深い理解が求められている。

　これらの基準は，並列的なものではなく，図8-1のような構造として示さ

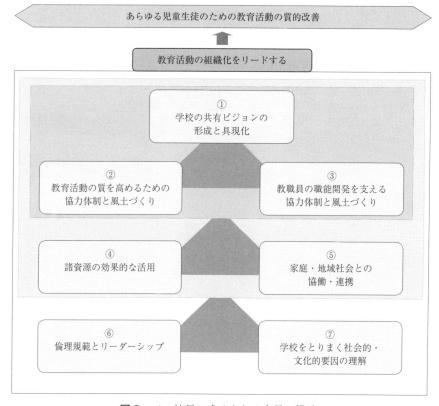

図8-1 校長に求められる力量の構造
日本教育経営学会『校長の専門職基準〔2009年版〕――求められる校長像とその力量』2009年

れている。こうした検討をふまえて，今後，学校組織のリーダーシップを遂行する専門職としての校長の養成や研修の制度が構想される必要があるだろう。

　以上述べてきたように，中等教育の学校の経営には一見新たなリーダーシップが求められている。社会的な状況の変化や制度の改革の中で，学校経営の，従来意識されてこなかった側面がクローズアップされていることは確かである。しかし，いかなる環境や制度のもとにおいても，生徒の最善の利益を最優先課題としてリーダーシップを遂行していくことが，学校組織の経営の本質である。

引用・参考文献

1) 窪田眞二・小川友次『平成 21 年版　教育法規便覧』学陽書房，2008 年
2) 佐々木正治他編著『新教育経営・制度論』福村出版，2009 年
3) 篠原清昭編著『スクールマネジメント ── 新しい学校経営の方法と実践』ミネルヴァ書房，2006 年
4) 曽余田浩史・岡東壽隆編著『新・ティーチング・プロフェッション ── 教師を目指す人へのエール基礎・基本』明治図書出版，2006 年
5) 日本教育経営学会『校長の専門職基準〔2009 年版〕── 求められる校長像とその力量』2009 年

9章

中等教育の制度

1 | 中等教育制度の歴史的発展過程

a. 複線型学校制度の誕生──中等教育と初等教育の併存

　中等教育制度は，その歴史をふり返ると，いわゆる社会のエリート層のための教育制度として発展した。まずは，この経緯をまとめておきたい。

　十字軍の遠征が終わった12～13世紀のヨーロッパにおいて，聖職者・弁護士・医者などの専門的職業人育成の目的のもとに中世大学が成立した。中世大学は，当初，教師組合としての政治団体であったが，教会や国家の保護や干渉によって，社会の支配層のための貴族的な教養を支える教育機関として機能するにいたった。また，古典語中心の学問研究のためにラテン語が入学資格となり，古典文法学校が大学入学のための予備教育機関となった後に，中等学校は，大学への入学準備の必要からその就学年限を下の年齢へ延長するにいたり，上位の学校から下位の学校へと伸びる下構型学校として発展する。こうして，中等学校は社会の支配層のための教育機関として位置づけられた。

　一方，国民大衆のための学校は，為政者からの関心が長らく寄せられずに放任されたままであったが，17～18世紀になってようやく宗教団体や慈善団体によって，簡単な読み書き算（3R's・スリー・アールズ）と宗教の教育がなされるようになり，19世紀中ごろになって制度として整備されるようになった。やがて，国際的な産業競争の激化などの社会的必要性から，教育年限の延長や職業学校に代表される上級学校が設置されるなど，下位の学校から上位の学校へと，上構型の学校系統が発達した。

　こうしてでき上がった複線型の学校制度においては，社会のエリート層のた

めの下構型学校系統と国民大衆のための上構型学校系統が並立的に存在していた。これら2つの学校系統は，相互にまったく異質の学校系統となり，社会階層を再生産し，また，固定化する制度となった。

b. 分岐型学校制度における中等学校

複線型を呈する差別的な学校制度は，国民大衆の教育水準の向上や社会の発展にともなうより専門的知識・技術を身につけた人材を必要とする社会的要請と相まって限界を露呈する。また，近代的統一国家が成立したことで国民意識を形成する必要性が生じたことと，市民階級に広まった民主主義思想を実あるものにするためにも，国民に対して共通の教育を施すことが求められた。その結果，複線型学校制度を一元化する動きが，統一学校運動として展開される。こうして，初等教育段階が統合されて共通の学校となり，中等教育以後に複数の学校が接続する，分岐型学校制度が誕生した。

この期の中等学校には，主として3つの系統が存在した。まず第1は，大学への予備門となる学術的な性格を有する中等学校である。ここでは，将来の指導者養成を目的に，科学の基本原理や法則を学ぶアカデミックな内容が主となった。次は，社会的に中層の子弟を対象とした，近代産業の勃興に対応する技術者養成を目的とした実業学校であり，商業，工業，農業を主とする。3つめは，社会的に低い層に属する子弟を対象とする生活上の実際的な知識と技術の獲得のための学校である。

ところで，これら3種の学校系統は，教育内容や施設，就学年限や卒業資格について明確な格差が存在し，それぞれの学校系統間での転校は認められず，後2者は，大学への進学が認められない完成教育の場となった。

c. 単線型学校制度の誕生と中等学校

分岐型学校制度によって，初等教育の部分については単線化を達成したものの，高等教育段階にまで進むことができるのは経済的に裕福な家庭の子息に限られており，不平等が解消されたわけではなかった。

そこで，初等教育・中等教育・高等教育段階を1つの学校系統として単一化し，所属する社会階層に関係なく，能力さえあれば上位の学校に進学できる学校系

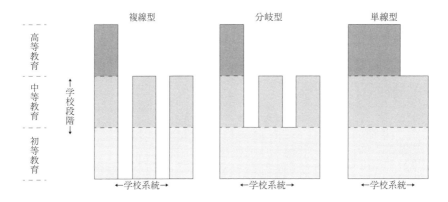

図9−1 学校体系の類型[1]

統への変革が求められる。そして，たとえば，1920年代のイギリス労働党が推し進めた「すべてのものに中等教育を（secondary education for all）」を旗印とした，特権的な中等学校から全国民に共通に開放された中等学校の実現がめざされることになる。この理念にもとづく学校制度が単線型学校制度であり，20世紀後半になるとヨーロッパの主要国で実現をみた。

この時期の中等教育は，万人のための中等教育の理念にもとづき，多くの国の場合，初等教育に続く数年間の前期中等教育を無償の義務教育期間として，ほとんど共通の教育課程が用意される。後期中等教育は，生徒の能力や適性に応じて課程制による分化はあるものの，修業年限や卒業資格および大学進学資格において同等の価値を有している。

以上，概観したように，複線型学校制度から分岐型学校制度を経て単線型学校制度へと移行する過程は，すべての子どもたちに教育を受ける機会を平等に保障しようとする機会均等理念の実現を図るものであった。

2 欧米主要国の中等教育の制度

a．アメリカ合衆国

アメリカ合衆国の学校制度は，州や学区によって異なる。これら多様な制度

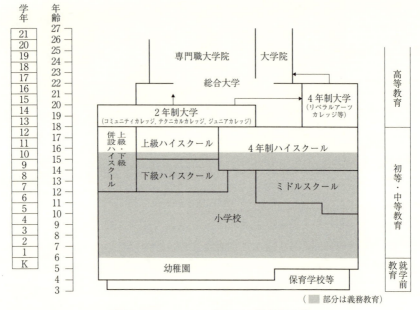

図9−2 アメリカ合衆国の学校制度[2]

を1つの図にまとめると分岐型のようにみえるかもしれないが、アメリカにはヨーロッパの国々のような伝統による制約が少ないので、19世紀末には、統一学校制度を現実化していた。初等・中等教育の修業年限で見ると、もっとも伝統的なのは8−4制であり、次いで6−6制が増加した。都市部では6−3−3制が発達し、これが戦後日本の教育制度として導入された。また、少しでも中等教育を早期に開始するミドルスクール運動が1950年代以降活発になり、5−3−4制や4−4−4制の学校も増加し、現在では5−3−4制が一般的となっている。

アメリカでは、誰でも高等学校の教育を受けることが可能であるが、単位取得とテストによる高等学校卒業要件を厳格に適用するようになってきている。また、高等教育の普及により、中等学校卒業後の上級学校への進学は容易となっている[3]。

9章 中等教育の制度　131

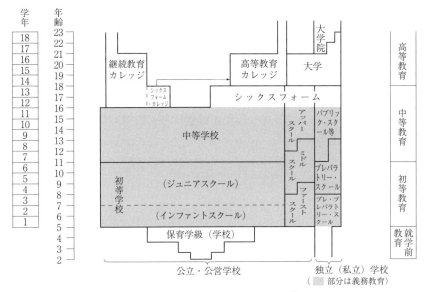

図9-3 イギリスの学校制度[2]

b. イギリス

　イギリスの中等教育は，初等学校を終えると，選抜制のグラマースクールやモダンスクールに進学する場合もあるが，約90％の生徒がコンプリヘンシブ・スクール（総合制中等学校）に入学する。この学校は，11歳から18歳までの生徒を対象とする7年制の学校である。イギリスでは，義務教育段階を4段階のキーステージ（KS, Key Stage）に分けられている。KS1（5～7歳）とKS2（7～11歳）は初等教育にあてられ，中等教育は，ナショナル・カリキュラムに沿ってほぼ共通の教科目を学ぶKS3（11～14歳），英語・数学・理科・技術などの共通科目の他に選択科目を4科目履修するKS4（14～16歳）および，中等教育修了証書試験（GCSE）で良い成績を収めた生徒を対象とするシックスフォーム（第6年級）で構成される。このシックスフォームと独立学校として設置されるシックスフォーム・カレッジで高等教育への進学準備教育が行われる。

　また，イギリスには，14世紀末まで歴史をたどることができる，中高一貫

教育を行う私立の名門独立学校が存在し，各界の指導者層を多く輩出していることも特色として指摘できる。

c. フランス

フランスの中等教育は，前期中等教育のコレージュ（4年制）と後期中等教育のリセ（3年制）から構成される。複線型学校制度の時代においては，国家の指導者層の養成機関として，リセが国立の，そしてコレージュが公立の7年制の中等教育機関として存在していた。これらが，1959年のベルトワン改革を機に分岐型に移行し，1975年のアビ改革で単線型への移行をみた。

コレージュでは4年間の観察・進路指導の結果によって，リセへの入学試験を経ることなく後期中等教育学校へふり分けられ，全体の約7割がリセに，約3割が職業リセに進学している。リセを終了すると中等教育修了資格と高等教育入学資格を兼ねる国家資格であるバカロレア取得試験を受験する。職業リセは2〜3年制であり，職業バカロレアを取得するためには，3年制の教育課程に進む必要がある。

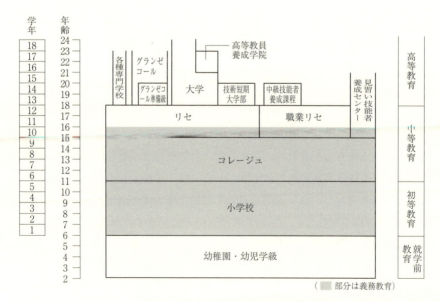

図9-4 フランスの学校制度[2]

ところで，フランスは厳格な進級制度を採用していることで有名である。OECDの2009年の調査によると，15歳までに全体の3割以上の生徒が落第を経験している。フランスでは，学業失敗が大きな問題となっている。

d．ドイツ

ドイツは連邦国家であり，各州によって教育制度や学校の名称などが異なっている。しかし，多くの州では，4年間の基礎学校を終えた後に，中等教育修了後に就職して職業訓練を受ける生徒が進学する5年制のハウプトシューレ，職業教育学校や中級の専門職に就く生徒が進学する6年制の実科学校，そして，大学進学希望者が入学して大学入学資格であるアビトゥア取得をめざす8～9年制のギムナジウムに分かれる分岐型の学校制度を採用している。

中等教育への進学時には，生徒の成績をもとに保護者と面談がなされ，保護者の決定に従って無試験で進学先が決定される。

ドイツの教育制度は民主的ではないとして，2006年に国連人権委員会の調査が入ったこともあった。しかし，ドイツでは，キリスト教の人間観にもとづ

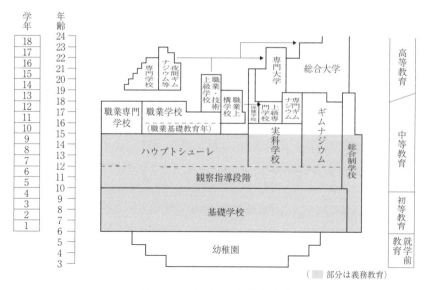

図9－5 ドイツの学校制度[2]

いて人間は多様でありみな尊いとする考え方や，人間それぞれに能力と適性があるのだからそれに応じた教育を提供することが親の教育権保障につながると考えられている[3]。

今日では，中等教育学校間の移動を考慮して観察指導段階を設けたり，総合制中等学校を設置したりもしているが，分岐型学校制度に変化はみられない。

3 わが国における中等教育の制度

a. 戦前におけるわが国の学校制度

わが国においては，1872（明治5）年の「学制」の発布をもって近代的な学校制度が誕生したとされている。学制は，旧来の身分制を克服して新国家に対する国民観念を培養するとともに，欧米による日本の植民地化を防ぐための最重要課題である富国強兵・殖産興業を実現することをめざして，国家にとって有能な人材を育成することを目的としていた。そこで，旧制度下の身分制度に関係なく，国民すべてが同一の学校で学ぶことのできる制度が構想される。

具体的には，一般の行政区画とは別に，全国を8大学区に分けて大学を設置し，それぞれの大学区を32の中学区に区分して中学校を，さらにそれぞれの中学区を210の小学区に区分して小学校を設置する計画であった。また，教育内容には欧米の科学にもとづく実学を中心に取り入れ，一斉教授方式で授業を行うなどの特色を有した。しかしながら，「学問は身を立るの財本」（学制序文）との立場から学費については受益者負担主義がとられたことが，当時の庶民生活とは縁遠い教育内容などへの不満と相まって，学制による学校普及の施策を行き詰まらせる要因となった。

ところで，学制期の中学校は，上下2等，各等3ヵ年の計6年を標準修業期間とする「小学ヲ経タル生徒ニ学科ヲ教ル所」であり，小学校に続く段階として位置づけられていた。また，中学校には，工業・商業・農業などに関する学校を含んでいた。上位の学校に進学する条件は，身分や地位ではなく能力あるものに学習の機会を開放する原則であった。こうして，当時の中学校は，小学校に続く単線型の学校として構想されていた。

戦前の学校制度の基礎を形成したのは，初代文部大臣の森有礼が国家主義的教育政策にもとづいて制定した学校令である。学校令は，1886（明治19）年に制定公布された「帝国大学令」「師範学校令」「小学校令」「中学校令」「諸学校通則」からなる。

 中学校は，義務教育とされた尋常小学校4年間と高等小学校2年間の計6年間の初等教育の上に位置づけられた。中学校は，「実業ニ就カント欲シ又ハ高等ノ学校ニ入ラント欲スルモノニ須要ナル教育ヲ為ス所」と規定され，府県立の尋常中学校5年と官立の高等中学校2年の計7年間からなる（高等中学校は後に高等学校と改名され，大学教育の予備段階に位置づけられた）。教育内容は，「尋常中学校ノ学科及其程度」によれば，倫理・国語及び漢文・外国語・数学・自然科学諸科目等から構成され，実業系の科目は極端に少ないアカデミックな高等普通教育の性格を有していた。

 ただし，中学校は，単線型の学校制度の中に位置づけられていたものの，1府県1校を原則としていたので，実質的には，エリートのための学校であり，家柄や資産に恵まれた家庭の能力ある子弟を対象とした，将来の指導者養成のための学校となった。

 やがて，経済・文化の進展や日本における産業革命の進展は，多様な進学希望者の要求に応える必要に迫られる。その1つの現れが1899（明治32）年の実業学校令である。実業学校は，「工業農業商業等ノ実業ニ従事スル者ニ須要ナル教育ヲ為ス」所とされ，工業学校，農業学校，商業学校，商船学校，実業補習学校で構成された。これらの実業学校には，当初，修学期間や入学資格の異なる甲種・乙種の別が設けられるなど当時の多様な人材養成ニーズに対応していた。

 一方，実業学校令の制定による中学校令の改定では，中学校が「男子ニ須要ナル高等普通教育ヲ為スヲ以テ目的トス」と定められ，教育内容は従来に比べてよりアカデミックな性格が打ち出された。

 これらの変革によって，6年間の尋常小学校に続く中等学校は，分岐型の学校制度として構成されることになる。その1つは，中学校を経て帝国大学へとつながる正系としての学校系統，1つは，実業専門学校へのみ進学の可能性を残す実業学校である。これに，中等学校と同一年齢層を対象としながら初等教

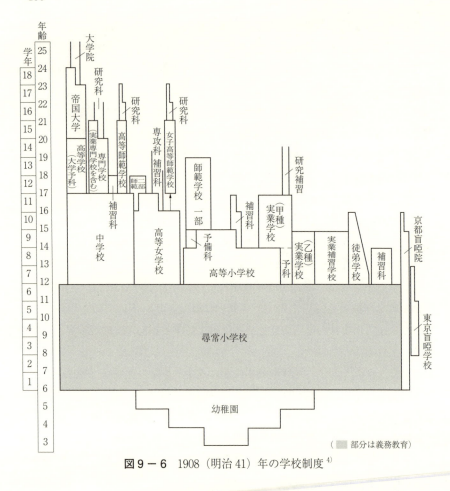

図9-6 1908（明治41）年の学校制度[4]

育に位置し，実質的に学校系統上は袋小路となった高等小学校が存在した。

　ところで，女子の中等教育学校として，高等女学校が，1899（明治32）年に独自の勅令に根拠をもつ中等学校として位置づけられた。高等女学校は，修業年限が4年（1年の伸縮が可能）で，「女子ニ須要ナル高等普通教育ヲ為ス」ことを目的する。教育内容は，外国語を任意とし，自然科学系の教科を理科に統合する一方で，裁縫や家事に比重を置き，「中等以上ノ社会ニ於ケル女子ニ必要ナル品格ヲ具ヘシメンコト」を期した，中流階層以上の良妻賢母の育成をめざすものであった。また，高等女学校は，各府県に設置を義務づけることに

よって，当時普及しつつあったミッション系女学校に対抗する意図もあった。

なお，教育の内容については，教育の基本理念を示すものとして，1890（明治23）年に教育勅語（「教育ニ関スル勅語」）が下付された。これは，徳育即教育の観点に立ち，教育の目的を近代天皇制の発展にあるとして，天皇を中心とした挙国一致，君臣一体を宣言するものであった。

こうして，戦前においては，学校令によって基礎づけられた，中等教育段階以後が多様化した学校制度が，教育勅語にもとづく教育内容を特色として発展することとなる。

b. 戦後学制改革と今日の学校制度の全体像

第2次世界大戦後，教育の機会均等理念と民主的な教育の原理にもとづく学制改革が推進されることになる。憲法において「すべて国民は，法律の定めるところにより，その能力に応じて，ひとしく教育を受ける権利を有する」ことが定められた。また，教育基本法（旧法）により「すべて国民は，ひとしく，その能力に応ずる教育を受ける機会を与えられなければならないものであって，人種，信条，性別，社会的身分，経済的地位又は門地によって，教育上差別されない」ことが規定された。こうして，単線型の学校制度を設立して制度上の袋小路をなくし，能力があれば誰でも上級の学校に進学できるようにしたこと，奨学の制度や男女共学の制度など，教育の機会均等の理念が実現をみた。現在の6-3-3-4制の基本がこうしてでき上がり，わが国における中等教育段階の学校として，前期中等教育段階に中学校，そして，後期中等教育段階に高等学校が設置された。

現行の学校制度において，中心的な位置にあるのは「法律に定める学校」（学校教育法第1条に規定される学校で，「1条校」と呼ばれる）であり，幼稚園，小学校，中学校，義務教育学校，高等学校，中等教育学校，大学，高等専門学校，特別支援学校がこれに含まれる。

まず，幼稚園は，義務教育およびその後の教育の基礎を培うための学校で，「幼児を保育し，幼児の健やかな成長のために適当な環境を与えて，その心身の発達を助長することを目的とする」。小学校は，「心身の発達に応じて，初等普通教育を施すことを目的とする」学校で，満6歳から12歳にいたる児童を

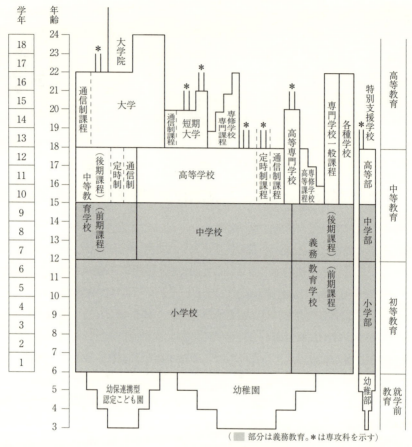

図9-7 わが国の現行学校制度[2)]

対象にした初等教育機関である。中学校は,「小学校における教育の基礎の上に,心身の発達に応じて,中等普通教育を施すことを目的とする」学校であり,満12歳から15歳にいたる生徒を対象とする前期中等教育機関であり,小学校とあわせて義務教育段階を構成する。これに対応して2016年度に「心身の発達に応じて,義務教育として行われる普通教育を基礎的なものから一貫して施すことを目的とする」義務教育学校の設置が可能となった。高等学校は,「中学校における教育の基礎の上に,心身の発達に応じて,高等普通教育及び専門教

育を施すことを目的とする」学校であり，後期中等教育機関となる。中等教育学校は，中学校と高等学校の6年間にわたる「中等普通教育並びに高等普通教育及び専門教育を一貫して施すことを目的」として，1998（平成10）年に設置が認められた。

　高等教育機関としての大学は，「学術の中心として，広く知識を授けるとともに，深く専門の学芸を教授研究し，知的，道徳的及び応用的能力を展開させることを目的とする」。この目的に代えて，「深く専門の学芸を教授研究し，職業又は実際生活に必要な能力を育成することを主な目的とする」のが短期大学である。

　最後に，高等専門学校は，「深く専門の学芸を教授し，職業に必要な能力を育成することを目的とする」，後期中等教育と2年間の高等教育課程が一体となった5年制の教育機関である。

c. 民主的な中等教育

　中等教育の特色を見る場合，まずは，全国民に平等に開かれた小学校から高等学校までの普通教育の連続性を指摘することができる。普通教育とは，基礎教育として国民一般が受けるべき共通の内容の教育を意味する。中学校は，小学校とともに義務教育段階を構成し，単一の学校階梯（かいてい）からなる義務制の前期中等教育として確定し，中学校は「小学校における教育の基礎の上に，心身の発達に応じて，中等普通教育を施すことを目的とする」学校として位置づけられた。また，高等学校は，「中学校における教育の基礎の上に，心身の発達に応じて，高等普通教育及び専門教育を施すことを目的とする」学校として位置づけられている。

　次の特色は，高等学校段階においては，上に記した「高等普通教育及び専門教育」という文言にあるとおり，専門教育をかつての特定の職業準備に偏った職業教育としてのとらえ方から脱せしめていることである。こうして，高等学校段階においては，高等普通教育と専門教育の両方が求められるにいたったのである。

　ところで，今日の学校制度が多くの問題を抱えていることは事実である。たとえば，教育の機会均等をめざした単線型学校制度への改革によって教育にお

ける一応の平等を実現したものの，個々人のニーズへの対応や教育の質的な面でみた場合に平等を実現できているかどうかについては疑問が残る。また，長く維持されてきた6－3－3－4制の学校階梯の適切性に疑問が投げかけられたりもしている。事実，先にみたとおり，義務教育学校や中等教育学校が存在する。今後，少子高齢化・人口減少社会の到来が公教育制度に大きな影響を与えることは必至である。これからの時代に最適な公教育制度の在り方に関するよりいっそうの議論が求められている。

引用・参考文献

1) 河野和清編著『現代教育の制度と行政』福村出版，2008年
2) 文部科学省「諸外国の教育統計 平成29(2017)年版」http://www.mext.go.jp/b_menu/toukei/data/syogaikoku/__icsFiles/afieldfile/2017/09/27/1396544_01.pdf
3) 二宮晧編著『世界の学校』学事出版，2006年
4) 文部省『学制百年史 資料編』帝国地方行政学会，1972年

その他の参考文献

広岡亮蔵『中等教育原理』国土社，1965年
吉田昇他編著『中等教育原理〔新版〕』有斐閣双書，1986年
上原貞雄・三好信浩編著『教育原論』福村出版，1992年
佐々木正治編著『新教育原理・教師論』福村出版，2008年
佐々木正治他編著『新教育経営・制度論』福村出版，2009年

10章

生涯学習と社会教育

1 生涯学習

a. 生涯教育論の提唱

　1960年代の社会は人口が急増し，社会のさまざまな面で変化が加速化し，科学技術体系も進歩してきたことから，社会全体が今までに経験したことのない多様な価値観の挑戦を受けることになった。そのために，従来の学校教育中心の教育体制ではその挑戦に十分に対応することができない状況にあった。

　そこで，1965年，国際連合教育科学文化機関（UNESCO）主催の第3回成人教育推進国際委員会会議の席上で，ユネスコの成人教育部長であったポール・ラングラン（Lengrand, P.）は「エデュカシオン・パルマナント（l'éducation permanente）」と題するワーキングペーパーを提出した。それを受けて同委員会は次のように述べた。

　「ユネスコは，幼い子ども時代から死に至るまで，人間の一生を通じて行われる教育の過程——それ故に，全体として統合的な構造であることが必要な教育の過程——を造り上げ活動させる原理として，〈生涯教育〉という構想を承認すべきである。そのために，人の一生という時系列にそった垂直的な次元と，個人および社会の生活全体にわたる水平的な次元の双方について，必要な統合を達成すべきである」[1]。

　この考えは上述の挑戦に対応するために，従来の学校中心の教育観を見直し，新たに垂直的統合と水平的統合という2つの次元での統合により，すべての人が享受する教育をとらえ直すものである。

　垂直的統合とは，教育（学習）は一生涯継続されなくてはならず，しかも人

間にはそれぞれの時期，すなわち乳幼児期，児童期，青年期，成人期，高齢期に解決すべき課題があり，それらを別々に解決するのではなく，一貫した流れの中で解決していこうとする統合である。また，水平的統合とは，人間の日々の生活場面，すなわち家庭，学校，地域社会，それぞれの領域がもつ特質を生かした役割分担を明確にし，しかも相互に関連させて統一的に学習を行っていこうという統合である。

そして，この考えを達成するには，日常生活において「誰でも，いつでも，どこででも必要に応じて，学ぶことのできる態勢」が確立されることが必要である。この新しい考えは生涯教育論 (lifelong integrated education) と英訳され，教育問題に悩んでいた世界中の国々に普及していくことになる。

ところで，生涯教育の考え方は20世紀に突然出現したわけではなく，古くから唱えられており，何ら目新しい考えではない。たとえば，古代中国の思想家である孔子の有名な『論語』の一節「吾十有五にして学に志し，三十にして立つ。四十にして惑わず。五十にして天命を知る。六十にして耳従う。七十にして心の欲するところに従いて矩を踰えず」にもこの考えはみられる。また，古代ギリシャの思想家であるソクラテス，プラトン，アリストテレスなどの聖人・賢人が説いた思想にも散見されるが，これらの思想に浴しえたものは，一部の選ばれた人たち，すなわちエリートにすぎなかった。そのために，これらの考えを古典的生涯教育論と呼ぶ。それに対して，ラングランの生涯教育論は公教育の流れの中で提唱されてきた考えであり，あらゆる人々を対象にしている。その意味では古典的生涯教育論とは一線を画している。

b. 生涯教育論の展開

ラングランが提唱した生涯教育論に続いて，その後さまざまな生涯教育論が出されてくる。しかし，それらは次の3つに集約されるであろう。

❶『ユネスコ教育開発国際委員会報告書』（別名『フォール報告書』）

生涯教育論が世界中の国々に広まっていく中で，各国政府の教育開発戦略を援助するために，1971年にユネスコにより設置された教育開発国際委員会は1972年にユネスコ事務総長に報告書 "Learning to Be"（邦訳『未来の学習』）を提出した。

この報告書はラングランの提唱した生涯教育を踏襲し，生涯教育はあくまでもヒューマニズムを基調としつつ，未来社会における教育の在り方を明らかにしたものであった。具体的には，これからの学習は財産，資格などを「持つための学習（learning to have）」から人間で「あるための学習（learning to be）」に移行し，最終的に「完全なる人間（complete man）」を育成すべきであると述べる。そして，「完全なる人間」の育成のために，万人の生涯学習が保障される「学習社会」（ハッチンス〈Hutchins, R.M.〉が1968年に著した『学習社会（The Learning Society）』にもとづく）の建設を提言した。

　この報告書は生涯教育の到達すべき目標を明記し，しかも生涯教育を個々人が人間らしさを追求するために存在するととらえている。

❷ 経済協力開発機構（OECD）が提唱したリカレント教育論

　リカレント教育（recurrent education）はOECDが1973年に刊行した報告書『リカレント教育――生涯学習のための一戦略』に示されており，次のように定義される。

　「リカレント教育は，すべての人に対する，義務教育終了後または基礎教育終了後の教育に関する総合的戦略であり，その本質的特徴は，個人の生涯にわたって教育を交互に行うというやり方，すなわち他の諸活動と交互に，特に労働と，しかしまたレジャー及び隠退生活とも交互に教育を行うことにある」[2)]

　1960年代，労働者の質の確保のために教育機会の平等化を達成しようとしていたOECD諸国は，急激な社会変化に対応できない当時の学校教育システムに危機感を覚え，この状況を克服する教育戦略と同時に経済戦略としてリカレント教育論を提案した。その意味では，『フォール報告書』で否定されたもつための学習（learning to have）をめざす生涯教育論である。

　これは生涯を教育，労働，隠退という順に進む伝統的な教育システム，すなわち人生の前半で教育を終了するというフロントエンド（front-end）モデルから，教育，労働，余暇を繰り返すことによって，個人が絶えず社会の変化に対応し，新たな知識・技能を獲得することのできるリカレントモデルの教育システムへの転換を意味する。

　リカレント教育と生涯教育との違いはそれぞれの理論を提唱した組織，すなわちOECDと国際連合教育科学文化機関（UNESCO）の設立目的の違いから

生じている。したがってリカレント教育は，その目的を達成するために，教育制度や労働市場の改革というより具体的戦略として展開される。

❸ ジェルピに代表される生涯教育論およびその政策

1972年にラングランの後任としてユネスコの生涯教育部長に就任したジェルピ（Gelpi, E.）はラングランとは異なる立場で生涯教育論を展開した。彼は「個々人の集団生活，家庭，そして自己自身における個人の全面的で順調な発達を促進すること」が教育の最終目標であると考え，「教育は，不利益を蒙っている人々，抑圧されている人々，排除され，搾取されている集団の要求に応えるべきものである」[3)]と主張し，一貫して支配される側の立場から教育，また生涯教育をとらえた。そして，生涯教育の概念には曖昧さがあるがゆえに，すべての人に教育をという場合，生涯教育が生産性の向上のために取り入れられ，従来の既成秩序を強化する道具として利用される危険をもつと同時に，人々を抑圧しているものに対する闘争にかかわっていく力ともなりうるといい，後者の観点に立ち，生涯教育政策に取り組んだ。

そして，現代社会の抑圧的な諸勢力に対抗するためには，生涯教育政策においても次のことが重視されるべきであるという。①学習者が主体となる学習，すなわち「自己主導的学習（self-directed learning）」の重視，②個々人の動機に応えるもの，また③政策への人びとの社会参加，である。

一方，ユネスコは各国の成人教育関係者が実践・研究をとおして交流し，成人の学習と教育の発展を推進することを意図して，1949年にエルシノア（デンマーク）で第1回国際成人教育会議を開催し，その後，ほぼ12年おきに国際会議を開催してきた。会議を重ねるごとに，第2次世界大戦後に独立した発展途上国の参加が多くなり，そこでの議題も先進諸国の生涯教育よりも発展途上国における生涯教育政策等に観点が移行していった。とくに，1985年の第4回パリ会議では成人教育は教育の利益を享受できずにいた人々に応えるべきであるとし，学習権は基本的人権の1つであるとして「学習権宣言」が行われた。

c. 生涯教育と生涯学習

現代社会では「生涯学習（lifelong learning）」という言葉が巷にあふれる一方，ラングランが提唱した「生涯教育（lifelong education）」という言葉はほとん

どみられなくなりつつある。わが国では，1981（昭和56）年の中央教育審議会答申「生涯教育について」において，両者の違いが明確に示された。

「今日，変化の激しい社会にあって，人々は，自己の充実・啓発や生活の向上のため，適切かつ豊かな学習の機会を求めている。これらの学習は，各人が自発的意思に基づいて行うことを基本とするものであり，必要に応じ，自己に適した手段・方法は，これを自ら選んで，生涯を通じて行うものである。その意味では，これを生涯学習と呼ぶのがふさわしい。

この生涯学習のために，自ら学習する意欲と能力を養い，社会の様々な教育機能を相互の関連性を考慮しつつ総合的に整備・充実しようとするのが生涯教育の考え方である。言い換えれば，生涯教育とは，国民の一人一人が充実した人生を送ることを目指して生涯にわたって行う学習を助けるために，教育制度全体がその上に打ち立てられるべき基本的な理念である」[4]

すなわち，「生涯学習」は各個人が自発的意思にもとづいて行うことを基本とする学習活動であり，「生涯教育」は個々人の生涯学習を支援するための制度全体が依拠する基本的理念である。また，生涯学習の理念については，2006（平成18）年に改正された教育基本法第3条において，次のように規定された。

「国民1人1人が，自己の人格を磨き，豊かな人生を送ることができるよう，その生涯にわたって，あるゆる機会に，あらゆる場所において学習することができ，その成果を適切に生かすことのできる社会の実現が図られなければならない」

なお，臨時教育審議会答申以降は，生涯教育という用語はあまり使われていない。

d. わが国の生涯教育政策

1965年にラングランにより提唱された生涯教育論は，すぐ日本語に翻訳されたが，直ちに教育政策に取り入れられたわけではない。社会教育分野では1971（昭和46）年，社会教育審議会が答申した「急激な社会構造の変化に対処する社会教育の在り方について」において生涯教育の考えがはじめて盛り込まれた。この答申は高度経済成長にともなう労働者の都市部への流出，また青少年の高学歴化により，農村を中心として展開されてきた社会教育の停滞に対する解決策として出された。また，学校教育も新制度が発足して以来急激な膨

張を遂げ，今後も膨張し続けると予測されることから，量的拡張にともなう教育の質的変化に適切に対応するためには，家庭・学校・社会を通じて教育体制の総合的な整備が必要となってきた。そこで，学校教育分野でも1971年に改めて生涯教育の考えにもとづき学校教育体制を再検討する必要があるとして，中央教育審議会答申「今後における学校教育の総合的な拡充整備のための基本的施策について」が出された。しかし，両答申とも教育政策として生涯教育の考えが盛り込まれているが，それを実現するための具体的方策が十分には示されておらず，教育政策として具体化するには，しばらく時間を要する段階であったといえる。

　これらの答申から10年後の1981（昭和56）年に中央教育審議会は新たに「生涯教育について」を答申した。この答申は2つの意味をもつ。1つは，生涯教育理念を社会教育政策および学校教育政策としてそれぞれ独自に適応してきたものを生涯教育構想として総合化したことである。もう1つは，前述したが，新たに「生涯学習」という概念を導入したことである。この答申はこの後出される臨時教育審議会答申への橋渡しの役割を果たした。

　1984（昭和59）年に国家として生涯学習体系を確立するために，内閣総理大臣直属の諮問機関である臨時教育審議会が設置され，1985（昭和60）年から1987（昭和62）年にかけて臨時教育審議会から矢継ぎ早に4次にわたる答申が出された。

　臨時教育審議会第2次答申では，第2部第1章「生涯学習体系への移行」において「我が国が今後，活力を維持発展していくためには，…（略）…学歴社会の弊害を是正するとともに，…（略）…新たな学習需要にこたえ，学校中心の考えから脱却しなければならない」[5)]とし，「我が国における学習機会は，教育の各分野ごとに独自に運営される，いわばタテ型の学習システムになっており，関係行政機関や関係施設の連携などを含め，教育の各分野間の連携・協力，とくに，学校教育と他の分野間の連携・協力が不充分である。したがって，学習者個人にとって利用しやすいように，各分野間の連携・協力が図られる必要がある」[5)]ことが主張され，生涯学習社会の構築が強調された。

　これらの答申を受けて，生涯学習体制の確立に向けて具体的な政策がとられた。1988（昭和63）年には文部省の機構改革により，社会教育局が生涯学習

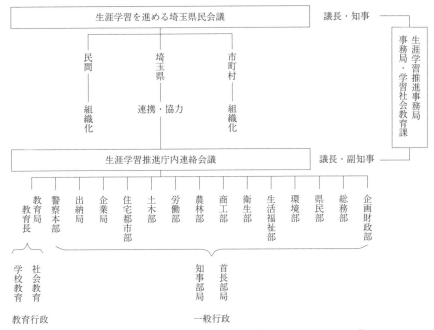

図 10 − 1 生涯学習を進める埼玉県民運動の展開組織図[6]

局[7]に名称を変更し，筆頭部局に位置づけられた。さらに，1990（平成2）年には中央教育審議会答申「生涯学習の基盤整備について」で，国・都道府県・市町村において生涯学習の各種施策の連絡調整を図る組織を整備する必要があるとし，各地域の生涯学習を推進する中心機関となる「生涯学習推進センター」設置の必要性が謳われた。この答申を受けて，1990年には「生涯学習の振興のための施策の推進体制等の整備に関する法律」が制定され，文部科学省の管轄を超えたより広い範囲で生涯学習体制を確立することがめざされた。図10−1は埼玉県の例であるが，各都道府県に同様の生涯学習推進組織がつくられ，生涯学習が積極的に推進・展開されてきた。

e．生涯学習と学校教育

人類の営みとともに，親が子どもに必要なことを教えるという形で教育は始まった。やがて時代が進むにつれて教育の中心は家庭から，意図的・計画的な

組織である学校に移り，専門的技能を有する教師が子どもに必要な知識を教授するという学校教育システムが確立され，学校教育のみで教育が行われるようになった。

しかし，生涯教育の提唱により，教育（学習）は人間の一生涯を通じて，また学校だけでなく，家庭や社会などあらゆる場所で行われることが社会的に認識されることとなった。そして，1986（昭和61）年の臨時教育審議会第2次答申において，学校教育の初等中等教育は「生涯学習の視点から基礎・基本の徹底，自己教育力の育成，教育の適時性への配慮を重視することを基本とし，その内容の改革を進める」ことを求められた。まさに学校教育は従来の学校教育観からは大きく転換し，生涯教育体系の基礎部分に位置づけられ，学校教育の修了が教育の終了を意味しなくなった。このことは，学校教育のとらえ方が完成教育の場としての学校観から，成人した後も継続的に学習ができるように「学び方を学ぶ」場としての学校観に変化したことを意味する。

また，1996（平成8）年に中央教育審議会は「21世紀を展望した我が国の教育の在り方について（第1次答申）」を答申し，これからの学校が「目指す教育としては，(a) ［生きる力］の育成を基本とし，知識を一方的に教え込むことになりがちであった教育から，子供たちが，自ら学び，自ら考える教育への転換を目指す。そして，知・徳・体のバランスのとれた教育を展開し，豊かな人間性とたくましい体を育んでいく。(b) 生涯学習社会を見据えつつ，学校ですべての教育を完結するという考え方を採らずに，自ら学び，自ら考える力などの［生きる力］という生涯学習の基礎的な資質の育成を重視する」[8]ことであると記された。これにもとづき，1998（平成10）年度版学習指導要領の理念に「生きる力」の育成が掲げられた。その後改訂された2008（平成20）年度版学習指導要領，また2017（平成29）年度版学習指導要領においても「生きる力」の育成，すなわち生涯学習に必要な自己主導的学習能力の育成がめざされている。

2 社会教育

現在わが国で展開されている生涯学習活動は社会教育をはじめ学校教育，家

庭教育の3領域で実施されており，これらの領域は，生涯学習の下位概念として位置づけられる。新堀通也はこれら3領域で行われる教育は時間的，年齢段階別に異なるが，それぞれに固有の特性があることが重要であると述べており，三者の特性を比較して示している（表10 - 1）。

a. 社会教育の意義

生涯教育，生涯学習の考え方については前節で述べたので，ここでは社会教育の定義および特性について述べる。社会教育は法令的には，社会教育法第2条において「①学校教育法又は就学前の子どもに関する教育，保育等の総合的な提供の推進に関する法律に基づき，学校の教育課程として行われる教育活動を除き，②主として青少年及び成人に対して行われる③組織的な教育活動（④体育及びレクリエーションの活動を含む。）をいう」（数字は筆者が加筆）と定義される。つまり，社会教育は青少年および成人を対象に組織的に行われる教育活動で，学校教育を除く教育の総体である。

そして，社会教育法が依拠する教育基本法（1947〈昭和22〉年制定）では第7条（社会教育）において「家庭教育及び勤労の場所その他社会において行われる教育は，国及び地方公共団体によって奨励されなければならない」と規定されていた。しかし，2006（平成18）年に改正された教育基本法第12条（社会教育）では，社会教育を「個人の要望や社会の要請にこたえ，社会において行われる教育は，国及び地方公共団体によって奨励されなければならない」と改正し，家庭教育を第10条として独立させた。さらに，学校・家庭および地域住民等の相互の連携協力（第13条）が追加された。そして，学校教育（第6条），家庭教育（第10条），社会教育（第12条）の3領域をつなぐ概念として新たに生涯学習の理念（第3条）を設け，生涯学習社会の実現を教育における基本的理念とした。今まで社会教育における家庭教育の扱いが漠然としていたが，改正された教育基本法において家庭教育との関係が明確になったといえよう。

また，表10 - 1からわかるように，社会教育は学校教育と比較して，次のような特性がある。すなわち，学習者は年齢・学歴的にも多様であり，基本的に自主的・自発的な学習活動を展開する。そのために，学習内容も実践的なも

表10－1　家庭教育・学校教育・社会教育特性比較[9]

	家庭教育	学校教育	社会教育
制度	私的，非形式的，非定形的	公的，形式的，定形的，固定的（法的な枠が強く，全国的に統一された基準があり，条件変化に直ちに対応できない）	私的，非形式的，非定形的，多様，柔軟（個々の地域的，個人的要求に対応し，条件変化に直ちに対応できる）
形態	親中心的，受動的	教師中心的，受動的	相互教育，能動的
構造	・垂直的 ・成員は少数で確定	・教師と生徒では垂直的，生徒相互では水平的 ・成員は相当多数で確定	・多様 ・成員数は不定
関係	非形式的，人格的，自然的，情意的	形式的，人為的	多様
主体	親（原則として2人）（教育についての非専門家，教育は職業ではない）	教師（教室では原則として1人）（教育専門家，教職資格が必要，教育は職業）	必ずしも教師はいない。無限定，多様，主体と客体とが随時交代
客体	独立前の子ども，少数	生徒（主として青少年，教育を受けることは本務），多数，地域・年齢などの点で同質的	多様（教育を受けることは本務ではない）
参加	強制的	強制的	自発的
時間	・長期（子どもの独立まで） ・本務以外の時間 ・随時	・限定（一定した在学期間，主として青少年期） ・本務時間に対応 ・学年暦，時間割にもとづく	・無限定，生涯 ・余暇利用 ・随時
場所	・限定（家庭内） ・小規模	・限定（学校内） ・中規模	・無限定（随時） ・規模多数
学習内容	・未分化，非系統的 ・行動様式，言語などが中心 ・多様	・計画的，系統的，分化 ・知的，抽象的，記号文化が中心 ・画一的（カリキュラムにもとづく）	・非計画的，非系統的 ・具体的，実際的，実用的，行動的な性格が強い ・多様，個性的，実生活に密着

のから教養的なものまで多種多様であり、それにともなう学習方法も同様である。さらに、指導者と学習者との関係は固定的でなく、対等もしくは相互的である。

b. 生涯学習と社会教育

社会教育は前述したように、学習者、学習内容、学習方法などのあらゆる面で学校教育に比較して柔軟で、多様な活動を展開してきたことから、生涯教育論の提唱以降、社会教育が積極的に生涯教育の普及を推進してきた。

その後、臨時教育審議会の答申を受けて、国全体が生涯学習体制の確立に向けて本格的に動きだした。図10－1に示されるように、従来の教育機関だけでなく、教育に直接かかわっていない機関もあわせて、自分の専門分野を中心に住民に学習機会を提供することとなり、そのための体制づくりが行われてきた。

学習機会を提供する施設についてより具体的に述べると、それらの施設は大きく4つに分類される。すなわち、①公民館、公共図書館、博物館などの従来から学習機会を提供している社会教育施設、②校庭開放などの形態で地域住民に開放される学校施設、③保健所などで開催されるエイズ対策講座などのように、教育委員会管轄以外の首長部局に属する行政機関および施設、そして④カルチャーセンターなどに代表される民間文化機関である。これらの学校施設、首長部局の行政施設および民間文化機関が住民に学習機会を提供する施設として新たに加えられた。それに対し、従来からある社会教育施設は教育機関であることから、学習者を指導する専門的職員およびその施設の管理者である館長が配置さており、学習者の学習活動を支援してきた。

このように、社会教育は学習指導における方法論、他の活動団体とのネットワーク組織、学習情報提供など、さまざまな技術を蓄積していることから、生涯学習体制下での社会教育は学習者の学習支援サービスの役割を担うことが求められている。このことは、1998（平成10）年に生涯学習審議会が答申した「社会の変化に対応した今後の社会教育行政の在り方について」の第2章、「2 生涯学習社会の構築に向けた社会教育行政」において、「学歴社会の弊害の是正、社会の成熟化に伴う学習需要の増大、社会・経済の変化に対応するための学習

の必要性の観点から，生涯学習社会の構築に向けて教育改革の努力が進められている。社会教育はその中で重要な位置を占めており，社会教育行政は，生涯学習社会の構築に向けて中核的な役割を果たさなければならない」[10]との記述からも明らかである。

また，2008（平成20）年2月には中央教育審議会から「新しい時代を切り拓く生涯学習の振興方策について ～知の循環型社会の構築を目指して～」[11]が答申された。第1部「今後の生涯学習の振興方策について」では，21世紀が急速な科学技術の高度化や情報化などにより，新しい知識があらゆる社会のあらゆる領域で基盤となる「知識基盤社会（Knowledge-based society）」であることから，自ら課題を見つけ考える力，柔軟な思考力，身につけた知識や技術を活用して複雑な課題を解決する力および他者との関係を築く力に加え，豊かな人間性などを含む総合的な力（次世代を担う子どもたちに必要な「生きる力」，大人に求められる「変化の激しい社会を生き抜くために必要な力」）を修得する必要がある。そのために，今後の生涯学習の振興方策として2つの施策の方向性が提言された。1つは「個人の要望」をふまえるとともに「社会の要請」を重視しながら，「国民一人一人の生涯を通じた学習の支援」，すなわち「国民の学ぶ意欲を支える」という方向性である。2つめは「社会全体の教育力の向上」，すなわち「学校・家庭・地域が連携するための仕組みづくり」という方向性である。

そして，第2部「施策を推進するに当たっての行政の在り方」では，生涯学習振興行政の役割として，(a) 社会教育行政，学校教育行政，一般行政（首長部局）の生涯学習関連施策の推進に関して，関連機関相互が連携・推進し，生涯学習の振興を図ること，(b) 学社融合などの融合的な生涯学習支援の領域に寄与すること，(c) さまざまな学習機会，生涯学習施設・機関・団体などに関する情報の提供，学習者のための学習相談体制の整備，相互の連絡調整を行うことがあげられている。その際，社会教育行政は生涯学習振興行政の中核的位置を占めることが期待されている[12]。

さらに，2016（平成28）年5月に答申された「個人の能力と可能性を開花させ，全員参加による課題解決社会を実現するための教育の多様化と質保証の在り方について」[13]の第2部「生涯学習による可能性の拡大，自己実現及び社会貢献・

地域課題解決に向けた環境整備について」では，生涯学習をとおして「全員参加による課題解決社会」を実現するために，①多様な学習機会の提供と，②学習した成果が適切に評価され，学習成果が活用されるように有機的につながる環境の整備，すなわち「学び」と「活動」の「循環システム」として，さまざまな団体，機関などのネットワークの拠点である「生涯学習プラットフォーム（仮称）」の構築の必要性を提言している。

c. 社会教育の課題

戦後の教育行政は，戦前の反省の下に確立された「地方分権主義の原理」「分離独立の原理」などにもとづき，首長部局から独立した教育委員会を中心に展開されてきた。しかし臨時教育審議会答申以降，生涯学習政策を積極的に推進することにより，一般行政部局を取り込むことになり，現在では政令指定都市などで公民館などの首長部局への移管が進んでいる。まさに「分離独立の原理」との矛盾が生じている。

その流れの中で，2018（平成30）年12月に中央教育審議会から「人口減少時代の新しい地域づくりに向けた社会教育の振興方策について」[14]が答申された。第1部「今後の地域における社会教育の在り方」では，地域における社会教育の意義と果たすべき役割を，社会教育のもつ「人づくり」「つながりづくり」という強みを最大限に発揮し，「地域づくり」に貢献することであるとする。そのためには，今後，①住民の主体的な参加のきっかけづくり，②ネットワーク型行政の実質化（首長・NPO・大学・企業等との幅広い連携・協働），③地域の学びと活動を活性化する人材の活躍をとおして，「開かれ，つながる社会教育」へと進化する必要があることが示された。第2部「今後の社会教育施設の在り方」では地域の学習拠点の役割に加えて，公民館には地域コミュニティの維持・発展を推進するセンターの役割や防災拠点，図書館には他部局と連携した個人の就業支援，博物館には観光振興や国際交流の拠点などの新たな役割が期待された。同時に，公立社会教育施設については，施設の効果的，効率的な整備・運営，他の行政分野との連携・協働のために，「特例」として一定の担保措置を条件に首長部局に移管することが提言された。

地域社会を中心として活動を展開し，生涯学習を推進してきた社会教育は，

人口減少時代の新しい地域づくりに中核的な役割を果たさなくてはならない。そのためには，今後，社会教育はますます首長部局・NPO・企業等などと積極的に連携・協働していく必要があると述べる。しかし上記でも触れたように，教育委員会管轄下にある公立社会教育施設を条件付きとはいえ，特例で首長部局に移管することには大きな問題があるであろう。

注釈，引用・参考文献

1) 諸岡和房「生涯教育の考え方」『市民のための生涯教育（これからの教育 4)』日本放送出版協会，1970 年
2) 「リカレント教育」伊藤俊夫他編集『新社会教育事典』第一法規出版，1983 年
3) ジェルピ，E. 著，前平泰志訳『生涯教育』東京創元社，1988 年
4) 中央教育審議会答申「生涯教育について」1981 年 6 月
5) 臨時教育審議会「教育改革に関する第 2 次答申」1986 年 4 月
6) 村田文生「4　生涯学習まちづくりへの援助方策」岡本包治・池田秀男編集『生涯学習まちづくり』第一法規出版，1989 年，p.103 に加筆
7) 生涯学習局はその後 2001（平成 13）年に再編され生涯学習政策局に，2018（平成 30）年の組織再編により総合教育政策局となる。
8) 中央教育審議会「21 世紀を展望した我が国の教育の在り方について（第 1 次答申）」1996 年 7 月
9) 新堀通也編集『日本の教育地図《社会教育編》』ぎょうせい，1975 年
10) 生涯学習審議会答申「社会の変化に対応した今後の社会教育行政の在り方について」1998 年 9 月
11) 中央教育審議会答申「新しい時代を切り拓く生涯学習の振興方策について〜知の循環型社会の構築を目指して〜」2008 年 2 月
12) 馬場祐治朗編著『二訂 生涯学習概論』ぎょうせい，2018 年，p.87
13) 中央教育審議会答申「個人の能力と可能性を開花させ，全員参加による課題解決社会を実現するための教育の多様化と質保証の在り方について」2016 年 5 月
14) 中央教育審議会答申「人口減少時代の新しい地域づくりに向けた社会教育の振興方策について」2018 年 12 月

その他の参考文献

教育開発国際委員会編集『未来の学習』第一法規出版，1975 年
佐々木正治編著『生涯学習社会の構築』福村出版，2007 年
ラングラン，P. 著，波多野完治訳『生涯教育入門 第一部』全日本社会教育連合会，1995 年

11章

教育行政と教育内容行政

1 | 教育行政の基本原理

a. 教育行政とは

　教育行政とはいかなる作用であるのか。教育基本法では「教育は、不当な支配に服することなく、この法律及び他の法律の定めるところにより行われるべきものであり、教育行政は、国と地方公共団体との適切な役割分担及び相互の協力の下、公正かつ適正に行われなければならない」（第16条第1項）と規定している。そして、国は「全国的な教育の機会均等と教育水準の維持向上」（同条第2項）を、地方公共団体は「その地域における教育の振興」（同条第3項）を図るために教育に関する施策を策定・実施しなければならないこと、「国及び地方公共団体は、教育が円滑かつ継続的に実施されるよう、必要な財政上の措置を講じなければならない」（同条第4項）ことを規定している。これらの規定をふまえると、教育行政とは「法の定めに従って、国及び地方公共団体が教育の振興に必要な各種政策を策定し、必要な財政措置を講じて政策を実施して行く作用」であると定義づけることができよう。

　木田宏は、教育行政作用には国や地方公共団体が他者の教育活動に対して規制や制限を加える規制作用、他者の教育活動に対して指導・助言・援助を与える助成作用、国や地方公共団体自らが教育活動を実施する実施作用があるとしたが[1]、前述のように、教育行政にはこれらの作用に加えて必要な財源の確保や配分（財政作用）が不可欠であり、その意味において教育行政は規制作用、助成作用、実施作用、財政作用の4種類に分類することができよう。

b. 法律主義

今日における教育行政の基本原理の1つが「教育行政の法律主義」である。戦前のわが国では，教育に関する基本的事項については法律ではなく，天皇が発する「勅令」によって定める「勅令主義」がとられていた。1889（明治22）年発布の大日本帝国憲法では教育に関する規定は設けられず，「天皇ハ法律ヲ執行スル爲ニ又ハ公共ノ安寧秩序ヲ保持シ及臣民ノ幸福ヲ増進スル爲ニ必要ナル命令ヲ發シ又ハ發セシム」（第9条）という規定に含まれるものとされた。すなわち，教育は「臣民ノ幸福ヲ増進スル爲」に行われるものであるから，教育に関する事項は勅令によって定めることとされたのである。

戦後，日本国憲法が制定されると，主権者たる国民の代表からなる国会が唯一の立法機関とされ（日本国憲法第41条），あらゆる行政は国会が定める法律の規定に則って行われることとなった。教育の基本方針についても，1890（明治23）年発布の「教育ニ関スル勅語」に代わり，1947（昭和22）年に制定された教育基本法（旧法）で定められることとなった。教育基本法では「この法律に掲げる諸条項を実施するために必要がある場合には，適当な法令が制定されなければならない」（旧法第11条）と規定，教育行政における法律主義が明示された。なお，この規定は2006（平成18）年に全面改正された現行教育基本法にも引き継がれている（第18条）[2]。

c. 地方分権

基本原理の第2は「教育行政の地方分権」である。戦前のわが国では教育は国の事務とされ，文部省・内務省によるきわめて中央集権的な教育行政が行われていた。戦後は憲法で地方自治の理念が示されるとともに，1947（昭和22）年制定の地方自治法で教育が地方の事務として位置づけられた。翌年には教育委員会法が制定され，各地方公共団体に設置される教育委員会が教育行政を担うこととなった。

教育委員会は「公正な民意により，地方の実情に即した教育行政を行うために」（教育委員会法第1条第1項）設置され，その委員は住民の選挙によって選ぶ公選制がとられた（第7条第2項）[3]。また「法律に別段の定がある場合の外，

文部大臣は，都道府県委員会及び地方委員会に対し，都道府県委員会は，地方委員会に対して行政上及び運営上指揮監督をしてはならない」（第55条第2項）と規定し，国－都道府県－市町村間の指揮監督関係は原則として廃止された。

教育委員会法は1956（昭和31）年に廃止され，教育委員会制度は新たに制定された地方教育行政の組織及び運営に関する法律（地教行法）で定められることとなった。地教行法では委員の選任方法が公選制から，首長（都道府県知事，市町村長）が議会の同意を得て任命する（第4条）任命制に変更された。その理由は，選挙が必ずしも民意を反映するとは限らず，また政治的対立を避けて中立的人選を行うためというものであった。しかし，教育行政への民意反映という点では後退の感は否定できず，また任命制が中立的人選を担保していないとの批判も少なくなかった。

委員の選任については，東京都中野区のように任命制は維持しつつも，住民の投票を実施し，区長はその結果を尊重して委員を任命するという，いわゆる準公選制をとる地方公共団体もあった[4]。

d. 一般行政からの独立

基本原理の第3は「教育行政の一般行政からの独立」である。戦前の地方教育行政は内務大臣が任命する府県知事の統括の下，一般行政の一部として実施されていた。戦後設置された教育委員会は，教育行政の地方分権化を図るとともに，教育の自主性を確保するために，首長が担う一般行政からの独立を図ることをねらいとするものでもあった。

教育行政の独立性確保のため，教育委員会には教育委員会規則の制定権（教育委員会法第53条），予算原案送付権（第56条），予算支出命令権（第60条），条例原案送付権（第61条）といった権限が与えられた。とくに予算原案送付権が与えられたことは，教育行政の独立性を財政面から裏づけるという点で意義深いものであったが，首長が管轄する一般予算との二重構造をもたらすこととなった。

地教行法では，予算の二重構造を解消して財政の一本化を図るため，教育委員会の予算原案送付権が廃止されるとともに，教育財産の取得・処分等は首長の権限となった（第22条）。財政の一本化は，調和のとれた行政の執行という

点では意義があるが，効果的な教育行政に必要な財政措置が困難になるとの指摘もある。また，委員の任命制への変更とも相まって，教育行政の独立性を弱めるものであるとの批判もあった。

2 │ 国の教育行政機構

a. 内閣・文部科学省

　国の行政権は内閣に属する（憲法第65条）。内閣は首長である内閣総理大臣とその他の国務大臣により構成され，国会に対し連帯して責任を負いつつ（第66条），一般行政事務の他，法律の執行，外交関係の処理，予算の作成，条約締結といった事務を行う（第73条）。行政事務の能率的遂行のため，内閣の統括の下に，省，委員会，庁といった行政組織が設置されるが（国家行政組織法第3条），教育，学術，文化などに関する行政事務を担うのが文部科学省である。文部科学省は，2001（平成13）年1月の中央省庁再編により，文部省と科学技術庁が統合されて発足した。

　文部科学省は「教育の振興及び生涯学習の推進を中核とした豊かな人間性を備えた創造的な人材の育成，学術，スポーツ及び文化の振興並びに科学技術の総合的な振興を図るとともに，宗教に関する行政事務を適切に行うこと」（文部科学省設置法第3条）を任務としている。文部科学大臣は文部科学省の長であり（第2条第2項），事務を統括し，職員の服務を統督するとともに，法律・政令の制定，改廃案を総理大臣に提出して閣議を求めたり，必要に応じて省令，告示，通達などを発する（国家行政組織法第10条～第15条の2）。

b. 文部科学省の任務と組織

　文部科学省がつかさどる事務は，文部科学省設置法第4条に95項目にわたって規定されているが，それらのうち主なものを以下に示す。
  ❶ 教育・学術・スポーツ・文化全般に関するもの
   (a) 豊かな人間性を備えた創造的な人材の育成のための教育改革に関すること

    (b) スポーツに関する基本的な政策の企画及び立案並びに推進に関すること
    (c) 文化に関する基本的な政策の企画及び立案並びに推進に関すること　など
❷ 初等中等教育に関するもの
    (a) 初等中等教育の振興に関する企画及び立案並びに援助及び助言に関すること
    (b) 初等中等教育の基準の設定に関すること
    (c) 教科用図書の検定に関すること
    (d) 教育職員の養成並びに資質の保持及び向上に関すること　など
❸ 生涯学習・社会教育に関するもの
    (a) 生涯学習に係る機会の整備の推進に関すること
    (b) 社会教育の振興に関する企画及び立案並びに援助及び助言に関すること
    (c) 青少年の健全な育成の推進に関すること　など
❹ 地方教育行政に関するもの
    (a) 地方教育行政に関する制度の企画及び立案並びに地方教育行政の組織及び一般的運営に関する指導，助言及び勧告に関すること
    (b) 地方教育費に関する企画に関すること　など
❺ 高等教育・学術研究・科学技術に関するもの
    (a) 大学及び高等専門学校における教育の振興に関する企画及び立案並びに援助及び助言に関すること
    (b) 科学技術に関する基本的な政策の企画及び立案並びに推進に関すること
    (c) 学術の振興に関すること　など
❻ 国際交流に関するもの
    (a) 国際文化交流の振興に関すること
    (b) 所掌事務に係る国際協力に関すること　など
❼ その他
    (a) 法律に基づき文部科学省に属させられた事務　など

文部科学省は大臣官房，6つの局（総合教育政策局，初等中等教育局，高等教育局，科学技術・学術政策局，研究振興局，研究開発局），国際統括官の内部部局（文部科学省組織令第2条）および外局としてのスポーツ庁と文化庁（文部科学省設置法第13条）からなる。また，この他に国立教育政策研究所や日本ユネスコ国内委員会等の機関，さらに各種審議会が置かれている。

c. 審議会

審議会とは「重要事項に関する調査審議，不服審査その他学識経験を有する者等の合議により処理することが適当な事務をつかさどらせるため」に設置される合議制の機関である（国家行政組織法第8条）。文部科学省に置かれる審議会には，文部科学省設置法にもとづいて設置されるものと文部科学省組織令にもとづいて設置されるものがある。前者には科学技術・学術審議会（文部科学省設置法第6条），国立大学法人評価委員会（第8条），後者には中央教育審議会，教科用図書検定調査審議会，大学設置・学校法人審議会，国立研究開発法人審議会（文部科学省組織令第75条）がある。

このうち，中央教育審議会（中教審）は文部科学大臣の諮問に応じて，教育の振興および生涯学習推進を中核とした豊かな人間性を備えた創造的人材育成に関する重要事項を調査審議し，文部科学大臣に意見を述べることなどを任務とする（第76条）審議会である。現在の中教審は，1952（昭和27）年に設置された中教審を母体に，生涯学習審議会，理科教育及び産業教育審議会，教育課程審議会，教育職員養成審議会，大学審議会，保健体育審議会の機能を整理・統合して，2001（平成13）年1月に設置されたものである。

中教審は，学識経験者の中から文部科学大臣が任命する30名以内の委員で構成され，任期は2年で再任が可能となっている（中央教育審議会令第1条～第3条）。また，必要に応じて臨時委員，専門委員を置くことができる（同条）。中教審には教育制度分科会，生涯学習分科会，初等中等教育分科会，大学分科会の4つの分科会が置かれ，以下に示すような重要事項について調査審議する（第5条）。

❶ 教育制度分科会
（a）豊かな人間性を備えた創造的な人材の育成のための教育改革に関する

重要事項
　　(b) 地方教育行政に関する制度に関する重要事項
❷ **生涯学習分科会**
　　(a) 生涯学習に係る機会の整備に関する重要事項
　　(b) 社会教育の振興に関する重要事項
　　(c) 青少年の健全な育成に関する重要事項　など
❸ **初等中等教育分科会**
　　(a) 初等中等教育の振興に関する重要事項
　　(b) 初等中等教育の基準に関する重要事項
　　(c) 学校保健，学校安全及び学校給食に関する重要事項
　　(d) 教育職員の養成並びに資質の保持及び向上に関する重要事項　など
❹ **大学分科会**
　　(a) 大学及び高等専門学校における教育の振興に関する重要事項　など

　審議会，および分科会には部会を置くことができる（第6条）。第9期中教審（2017～18〈平成29～30〉年度）には教育振興基本計画部会，地方文化財行政に関する特別部会の2つの部会の他，生涯学習分科会に公立社会教育施設の所管の在り方等に関するワーキンググループが，初等中等教育分科会に教育課程部会，教員養成部会，学校における働き方改革特別部会が，大学分科会に将来構想部会，大学院部会，法科大学院等特別委員会，認証評価機関の認証に関する審査委員会，専門職大学等の制度設計に関する作業チームが置かれている。

3 ｜ 地方の教育行政機構

a. 教育委員会の設置と任務

　教育委員会は，地教行法（第2条），地方自治法（第180条の5）にもとづいて設置される教育行政の執行機関である。都道府県，市町村（特別区を含む），地方公共団体の組合に設置され，教育長と4人の教育委員（都道府県，市の場合は5人以上，町村の場合は2人以上でもよい）で構成される（地教行法第3

条)。教育長は，首長の被選挙権を有し，人格が高潔で，教育行政に関し識見を有する人の中から，教育委員は，同じく首長の被選挙権を有し，人格が高潔で，教育に関する識見を有する人の中から，首長が議会の同意を得て任命する（第4条第1項，第2項）。任命にあたっては，教育委員会の半数以上が同一政党に所属してはならず（同条第4項），教育委員の年齢・性別・職業等に偏りがないように配慮するとともに，保護者が含まれるようにしなければならない（同条第5項）。教育長の任期は3年，教育委員の任期は4年で再選が認められている（第5条）。また，教育長は常勤（第11条第5項）であるのに対し，教育委員は非常勤（第12条第2項）である。

教育委員会の任務は，当該地方公共団体における教育，学術，文化に関する事務を管理・執行する（地方自治法第180条の8）ことである。具体的な職務権限は，地教行法第21条に19項目にわたって規定されているが，主なものを示すと以下のとおりである。

❶ 学校教育の振興に関するもの
  (a) 学校の設置，管理及び廃止に関すること
  (b) 教育委員会及び学校の職員の任免その他の人事に関すること
  (c) 学齢生徒・児童の就学，生徒，児童及び幼児の入学，転学及び退学に関すること
  (d) 学校の組織編制，教育課程，学習指導，生徒指導及び職業指導に関すること
  (e) 教科書その他の教材の取扱いに関すること　など
❷ 生涯学習・社会教育，文化，スポーツの振興に関するもの
  (a) 社会教育機関の設置，管理及び廃止に関すること
  (b) 青少年教育，女性教育及び公民館の事業その他社会教育に関すること
  (c) スポーツに関すること
  (d) 文化財の保護に関すること　など
❸ その他
  (a) ユネスコ活動に関すること
  (b) 教育に係る調査及び統計に関すること
  (c) 教育に関する広報・教育行政に関する相談に関すること

(d) 上記のほか，当該地方公共団体の区域内における教育に関する事務など

b. 教育長と教育委員会事務局

2014（平成26）年の地教行法改正により，教育長が教育委員会の責任者として位置づけられた。その職務は，教育委員会の会務を総理し，委員会を代表する（第13条）とともに，教育委員会の会議を招集する（第14条）ことなどである。

事務局は教育委員会の権限に属する事務を処理するために置かれ（第17条），指導主事，社会教育主事，事務職員，技術職員等の職員が置かれる（第18条第1項，第2項，社会教育法第9条の2）。

指導主事の任務は，学校における教育課程，学習指導その他学校教育に関する専門的事項の指導に従事する（地教行法第18条第3項）ことである。指導主事は，教育に関する識見を有し，教育課程，学習指導その他学校教育に関する専門的事項について教養と経験がある者でなければならない（同第4項）。

社会教育主事は，社会教育を行う者に専門的，技術的助言と指導を与えるとともに，学校が社会教育関係団体，地域住民等の協力を得て教育活動を行う場合には，その求めに応じて必要な助言を行うことを任務としている（社会教育法第9条の3）。

c. 首長と地方議会

首長は地方公共団体を統括・代表し，その事務を管理・執行する（地方自治法第147条，第148条）。教育行政に関する首長の権限は，教育に関する大綱（大綱）の策定・変更（地教行法第1条の3），総合教育会議の設置・招集（第1条の4），公立大学に関すること，私立学校に関すること，教育財産の取得・処分，教育委員会の所掌事項に関する契約締結，教育に関する予算執行（第22条）などがある。条例の定めにより，学校体育を除くスポーツ，文化財保護を除く文化に関する事項についても首長の権限とすることができる（第23条）。

大綱と総合教育会議は，2014（平成26）年の地教行法改正で新たに規定さ

れた。大綱は，当該地方公共団体の教育，学術及び文化の振興に関する総合的な施策の基本方針を定めたもので，政府が定める「教育振興基本計画」（教育基本法第17条第1項）を参考に首長がその地域の実情に応じて策定する（地教行法第1条の3第1項）。大綱を策定・変更する場合は，総合教育会議において協議することとなっている（同条第2項）。

総合教育会議は，首長と教育委員会によって構成され，大綱に関する協議の他，地域の実情に応じた教育振興のための重点施策や，児童・生徒等の生命や身体に被害が生じるといった緊急の場合に講ずべき措置について協議や調整を行う（第1条の4第1項，第2項）。総合教育会議は首長が招集するが，教育委員会が協議の必要があると認める場合には，首長に対して協議すべき具体的事項を示して招集を求めることができる（同条第3項，第4項）。

すでに述べたように，旧教育委員会法では，教育委員会に予算・条例の原案送付権や予算執行権があったが，地教行法では首長の権限となった。ただし，教育委員会と首長が十分な意思疎通を図ることが求められており，予算や議案作成をする場合，教育に関する部分については教育委員会への意見聴取が義務づけられている（第29条）。

地方議会は地方公共団体の議決機関であり，その権限は条例の制定・改廃，予算・決算の認定，地方公共団体の事務に関する調査（地方自治法第96条～第100条の2），教育委員の任命及び罷免への同意（地教行法第4条，第7条）などがある。議会は，住民の代表者としてこれらの権限を行使することをとおして，地方教育行政の運営に関与しているのである。

4 教育課程行政

a. 教育課程とは

教育課程についてはさまざまなとらえ方があるが，『中学校学習指導要領解説　総則編』では「学校教育の目的や目標を達成するために，教育の内容を生徒の心身の発達に応じ，授業時数との関連において総合的に組織した各学校の教育計画である」[5]としている。また，このようなとらえ方をした場合の教育

課程編成の基本的構成要素として,「学校の教育目標の設定,指導内容の組織及び授業時数の配当」をあげている[5]。

学校の教育目的・目標に関しては,教育基本法と学校教育法(学校法)で規定されており,指導内容の組織に関しては,学校教育法施行規則(学校法規則)や学習指導要領において各教科等の目標や内容の基準が示されている。また,授業時数に関しては,学校法規則で各教科等の標準授業時数が規定されている。

各学校が編成する教育課程は,これらの法令等に従い,各教科,道徳,特別活動および総合的な学習の時間についてそれらの目標やねらいを実現するよう,教育の内容を学年に応じ,授業時数との関連において総合的に組織した教育計画である。

b. 教育課程の法制

学校の教育課程に関しては,学校法において「中学校の教育課程に関する事項は……文部科学大臣が定める」(第48条),「高等学校の学科及び教育課程に関する事項は……文部科学大臣が定める」(第52条)と規定されている。これを受けて,学校法規則では「中学校の教育課程は,国語,社会,数学,理科,音楽,美術,保健体育,技術・家庭及び外国語の各教科,特別の教科である道徳,総合的な学習の時間並びに特別活動によって編成するものとする」(第72条)と規定している。高等学校については,「高等学校の教育課程は,別表第三に定める各教科に属する科目,総合的な学習の時間[6]及び特別活動によって編成するものとする」(第83条)と規定している。

さらに「教育課程の基準として文部科学大臣が別に公示する中学校(高等学校)学習指導要領によるものとする」(第74条,第84条)と規定し,学習指導要領が教育課程の基準であることを明示している。

なお,義務教育学校の後期課程と中等教育学校の教育課程については,上記の中学校および高等学校の規定に準じたものとなっている(学校法第49条の7,第68条,学校法規則第79条の6第2項,第108条)。

また,義務教育諸学校の教育課程に関しては,教育課程の改善に資する研究を行うために必要な場合(第55条),学校や地域の特色を生かした特別の教育課程による教育を実施する必要がある場合(第55条の2),学校生活への適

応困難により長期欠席している児童を対象に，その実態に配慮した教育課程を編成する必要がある場合（第56条），日本語が通じない児童（第56条の2）や学齢を超過した者（第56条の4）に特別の指導を行う必要がある場合には，学校法規則，学習指導要領によらない教育課程編成が認められている[7]。

すでに述べたように教育委員会も教育課程に関する権限を有しており（地方自治法第180条の8，地教行法第21条），教育課程や教材の取り扱いを含む学校の管理運営の基本的事項について，必要な教育委員会規則（学校管理規則）を定めることになっている（第33条）。学校管理規則では，各学校が編成した教育課程を教育委員会への届け出あるいは承認制としているものが多い。たとえば，岐阜県立高等学校管理規則では「校長は，学年末までに，翌年度の各教科に属する科目，特別活動のうちホームルーム活動及び総合的な学習の時間配当を定め，教育委員会に届け出なければならない」「校長は，毎年，学年始めに当該年度における学校の教育指導の重点を教育委員会に届け出なければならない」（第7条）と規定している。

c. 学習指導要領の性格

最初の学習指導要領が『学習指導要領　一般編（試案）』として文部省から公表されたのは，1947（昭和22）年である。その序論では「この書は，学習の指導について述べるのが目的であるが，これまでの教師用書のように，一つの動かすことのできない道をきめて，それを示そうとするような目的でつくられたものではない。新しく児童の要求と社会の要求とに応じて生まれた教科課程をどんなふうにして生かして行くかを教師自身が自分で研究して行く手びきとして書かれたものである」[8]と述べられており，教師にとっての参考案，あるいは手引書であるとされた。

学習指導要領が教育課程の基準とされるようになるのは，1958（昭和33）年の学校法規則改正後であり，告示として官報に公示し，法と同様の拘束力を有するものと位置づけられた。学習指導要領の法的拘束性については大きな論議となり，「旭川学力テスト裁判」「伝習館裁判」などの教育裁判においても大きな争点となった。1976（昭和51）年の旭川学力テスト裁判最高裁判決では，文部大臣が教育の内容・方法について，教育の機会均等の確保等のために必要

かつ合理的な基準を設定できるとしたうえで，当時の学習指導要領が全国的な大綱的基準としての性格をもち，必要かつ合理的な基準の設定として是認することができるとの判断を示し，以後この判決の趣旨が定着することとなった。

d. 学習指導要領の改訂

学習指導要領は試案の時代を含め，ほぼ10年ごとに改訂されている。改訂は1950（昭和25）年に設置された教育課程審議会の答申にもとづいて行われていたが，前述のように他の教育関係の審議会とともに中教審に統合され，現在では中教審の答申にもとづいて行われている。

2016（平成28）年12月に，中教審が「幼稚園，小学校，中学校，高等学校及び特別支援学校の学習指導要領等の改善及び必要な方策等について」を答申，これにもとづいて2017（平成29）年に幼稚園教育要領，小学校と中学校の学習指導要領が，2018（平成30）年に高等学校と特別支援学校の学習指導要領が改訂された。新学習指導要領は，2018（平成30）年度から幼稚園で実施されており，小・中学校に関しては，2018（平成30）年度からの移行期間を経て小学校では2020（令和2）年度から，中学校では2021（令和3）年度から実施される。高等学校では2019（平成31／令和元）年度からの移行期間を経て，2022（令和4）年度から学年進行で実施される。

5 教科書行政

a. 教科書の法制

教科書は，各教科の内容を精選・配列した図書であり，学習指導にあたって中心的な役割を果たす教材である。教科書の発行に関する臨時措置法（発行法）では，教科書を「小学校，中学校，義務教育学校，高等学校，中等教育学校及びこれらに準ずる学校において，教育課程の構成に応じて組織排列された教科の主たる教材として，教授の用に供せられる児童又は生徒用図書であつて，文部科学大臣の検定を経たもの又は文部科学省が著作の名義を有するもの」（第2条）と規定している。

学校法では，学校においては「文部科学大臣の検定を経た教科用図書又は文部科学省が著作の名義を有する教科用図書を使用しなければならない」と規定しており（第34条，第49条，第49条の8，第62条，第70条，第82条），検定教科書，あるいは文部科学省著作教科書の使用が義務づけられている。なお，高等学校，中等教育学校の後期課程において，検定教科書や文部科学省著作教科書がない場合，特別支援学校，特別支援学級において，検定教科書や文部科学省著作教科書を使用することが適当でない場合には，他の適切な教科書の使用が認められている（付則第9条，学校法規則第89条，第113条第1項，第135条第2項，第139条）。

b. 教科書検定

教科書検定とは，民間で作成された図書を文部科学大臣が教科書として適切であるかを審査（検定）し，合格したものを教科書として認める制度である。そのねらいは，教科書の作成を民間に委ね，自由競争を促すことで創意工夫をこらした教科書づくりを期待するとともに，検定により適切な教科書を確保することにある。

検定は，文部科学省が定める義務教育用と高等学校用の各教科用図書検定基準（検定基準）にもとづき，教科用図書検定調査審議会（検定審議会）の審議を経て実施される。検定基準は，教育基本法，学校教育法に掲げる教育の目的・目標に一致しているか，学習指導要領に示す教育の方針や各教科等の目標や内容，内容の取り扱いについて過不足なく取り上げているか，児童・生徒の心身の発達段階に適応しているか(義務教育諸学校教科用図書検定基準より）といった各教科共通の条件と，各教科別の固有の条件で構成されている。

検定申請された図書は，検定審議会において教科書として適切であるかどうか，学習指導要領や検定基準にもとづいて審査され，その結果が文部科学大臣に答申される。文部科学大臣は，この答申にもとづいて合否の決定を行う。

検定審議会において，必要な修正を行った後に再審査を行うことが適当であると認める場合には，合否決定を留保して検定意見を申請者に文書で通知する。通知を受けた申請者は，検定意見に従って修正した内容を提出し，再度審議会で審査され，その答申にもとづいて合否が決定される。

c. 教科書の採択と供給

　教科書の採択とは，各学校で実際に使用する教科書を決定することである。義務教育諸学校で使用する教科書の採択権は，公立学校ではその学校を設置する地方公共団体の教育委員会に，国・私立学校では校長にある（発行法第7条，地教行法第21条）。

　義務教育諸学校の教科用図書の無償措置に関する法律（無償措置法）では，「都道府県の教育委員会は，当該都道府県内の義務教育諸学校において使用する教科用図書の採択の適正な実施を図るため……教科用図書の研究に関し，計画し，及び実施するとともに，市町村の教育委員会及び義務教育諸学校（公立の義務教育諸学校を除く。）の校長の行う採択に関する事務について，適切な指導，助言又は援助を行わなければならない」（第10条）と規定し，市町村教育委員会および校長の採択権と，採択における都道府県教育委員会の任務を明示している。

　一例として，教科書の広域採択があげられる。これは，都道府県教育委員会が「市町村の区域又はこれらの区域をあわせた地域に，教科用図書採択地区を設定」し（第12条第1項），同一採択地区内の市町村教育委員会が協議して1種類の教科書を採択する（第13条第4項，第5項）というものである。採択地区は2019（平成31）年4月現在，全国で587地区あり，1県平均12地区となっている。

　なお，高等学校の教科書の採択方法については法令上の規定はないが，公立の高等学校については，文部科学省は当該の教育委員会が採択を行うとしている。

　教科書の供給に関しては，国が「毎年度，義務教育諸学校の児童及び生徒が各学年の課程において使用する教科用図書……を購入し，義務教育諸学校の設置者に無償で給付」（第3条）し，設置者は「それぞれ当該学校の校長を通じて児童又は生徒に給与する」（第5条第1項）ことになっている。すなわち，国・公・私立すべての義務教育諸学校の児童・生徒に無償で教科書が給付されるのであり，憲法第26条第2項の「義務教育はこれを無償とする」という精神をより徹底させるものといえよう。1963（昭和38）年度に小学校1年生で実施

されて以降順次拡大し，1969（昭和44）年度に小・中学校全学年の無償給付が実現し，現在にいたっている。2019（平成31／令和元）年度の教科書購入費は約448億円で，文部科学省一般会計予算（約5兆5300億円）の0.8％となっている。教科書の無償措置に関しては，国の財政事情の悪化などを背景に見直しの声も出ている。

d. デジタル教科書と補助教材

2018（平成30）年に学校法の一部が改正され，2019（平成31／令和元）年度からデジタル教科書が使用できるようになった。デジタル教科書とは，紙の教科書の内容すべてをそのまま電磁的に記録した教材のことであり（学校法規則56条の5），児童・生徒一人ひとりが各自の機器（タブレット型端末など）で使用するものである。なお，教科書に記載されていない動画や音声などは，後述する補助教材として位置づけられる。

これまでは，紙の教科書を使用することが義務づけられていたが，児童・生徒の教育の充実を図るため，教育課程の一部において，教科書に代えてデジタル教科書を使用することが可能となった（学校法34条第2項）。紙の教科書を基本としつつ，デジタル教科書を併用する形となっており，デジタル教科書を使用する授業時数は，文部科学大臣が定める基準により，総授業時数の2分の1未満とされている。なお，障害のある児童・生徒の学習上の困難を低減させる必要がある場合には，教育課程の全部において，教科書に代えてデジタル教科書を使用することができる（同条第3項）。

補助教材とは教科書以外の教材であり，副読本や問題集，資料集などの図書をはじめ，模型や標本，DVDやCDといった視聴覚教材，デジタル教材など多様な教材がある。補助教材は，創意工夫をこらした効果的な学習指導を行ううえでも欠かせないものである。補助教材の使用については，学校法で「教科用図書及び第二項に規定する教材（筆者注：デジタル教科書）以外の図書その他の教材で，有益適切なものは，これを使用することができる」（同条第4項）と規定している。また，地教行法では「教育委員会は，学校における教科書以外の教材の使用について，あらかじめ，教育委員会に届け出させ，又は教育委員会の承認を受けさせることとする定を設けるものとする」（第33条第2項）

と規定しており，教育委員会が定める学校管理規則に補助教材の取り扱いに関する規定を設けることが義務づけられている。一例を示すと，岐阜県立高等学校管理規則では「校長は，学年若しくは学級全員又は特定の集団全員の教材として計画的，継続的に教科書又は準教科書と併せて副読本，解説書その他の参考書を使用する場合は，教材使用届によりあらかじめ教育委員会に届け出なければならない」（第12条）と規定している。

注釈，引用・参考文献

1) 木田宏『教育行政法〔三訂〕』良書普及会，1966年
2) 教育基本法第18条「この法律に規定する諸条項を実施するため，必要な法令が制定されなければならない」。
3) 委員のうち1名は，当該地方公共団体の議員のうちから議会で選挙することとされた（第7条第3項）。
4) 1981（昭和56）年から1993（平成5）年にかけて4回実施され，一定の成果をあげたものの，公選制と同様の弊害も指摘され，1995（平成7）年に廃止された。
5) 文部科学省『中学校学習指導要領解説　総則編』2018年
   http://www.mext.go.jp/component/a_menu/education/micro_detail/__icsFiles/afieldfile/2019/03/18/1387018_001.pdf（2019年4月15日閲覧）
6) 2022（令和4）年度から学年進行で実施される次期高等学校学習指導要領では，「総合的な学習の時間」が「総合的な探究の時間」に改められた。
7) 中学校については準用規定（第79条）。
8) 過去の学習指導要領については，国立教育政策研究所で参照可能。
   https://www.nier.go.jp/guideline/（2019年4月15日閲覧）

その他の参考文献

佐々木正治編著『新教育原理・教師論』福村出版，2008年
高橋靖直・牛渡淳・若井弥一『教育行政と学校・教師〔第三版〕』玉川大学出版部，2004年
河野和清編著『新しい教育行政学』ミネルヴァ書房，2014年
田代直人・佐々木司編集『教育の原理』ミネルヴァ書房，2006年
曽我雅比児『公教育と教育行政』大学教育出版，2007年

12章

中等教員の採用と職務

1 採用

a.「採用試験」の呼び名の比較

　教員志望者にとって，採用は切実な問題である。教育公務員特例法第11条には「公立学校の校長の採用並びに教員の採用及び昇任は，選考によるものとし，その選考は，大学附置の学校にあっては当該大学の学長，大学附置の学校以外の公立学校にあってはその校長及び教員の任命権者である教育委員会の教育長が行う」と規定されている。正規教員として採用されるためには，各都道府県または指定都市の採用試験を受ける必要がある。

　ところでこの「採用試験」という名称であるが，都道府県や指定都市によって呼び名が違うようである。各都道府県および指定都市教育委員会ホームページの検索の結果，もっとも多かった呼び名は「教員採用選考試験」で，実に22の府県または指定都市でとられている。「教員採用選考検査」となっているのが3の県または指定都市，「教員採用選考テスト」が2の府または指定都市，「教員採用選考考査」が1県，「教員採用選考」が2の県または指定都市，「新規採用教員選考試験」が1県，「平成31年度採用○○県公立学校教員選考試験」が3県，「教員選考検査」が1県であった。「教員採用候補者選考試験」となっているのが21の県（1指定都市の共同実施含む）または指定都市でとられ，「教員採用候補者選考検査」が2の道（1指定都市の共同実施含む）または県，「教諭等採用候補者選考試験」が1県，「教員候補者選考試験」が1県，「教員採用候補者選考」が3の都県（1指定都市の共同実施含む）であった。以上からみると，もっとも丁寧な呼び名は「教員採用候補者選考試験」であり，その呼び

名をとる県や指定都市は2番目に数が多いことを確認しておきたい。

b. 文部科学省ホームページに採録される資料内容の検討

　文部科学省ホームページ「教員の免許，採用，人事，研修等」の「教員の採用」「公立学校教員採用選考」のうちで，「教員採用に関する参考資料」のリンクを開くと，これまで出された教員採用の改善に向けた通知や答申の一覧が掲載されている。これらのうち，それぞれの最新版の内容の概要を掲げておく。

〈通知〉
　23文科初第1334号初等中等教育局長通知「教員採用等の改善について」[1]／2011（平成23）年12月27日
　1. 人物重視の採用選考の実施等
　2. 専門性等を考慮した採用選考の実施
　3. 障害者の採用拡大等
　4. 計画的な採用・人事
　5. 不正防止等
　6. 選考後の実証的分析

〈答申，審議のまとめ等〉
　中央教育審議会答申「これからの学校教育を担う教員の資質能力の向上について―学び合い，高め合う教員育成コミュニティの構築に向けて―」（抄）／2015（平成27）年12月21日
　　4. 改革の具体的な方向性
　　　① 円滑な入職のための取組の推進
　　　② 教員採用試験における共通問題の作成に関する検討
　　　③ 特別免許状制度の活用等による多様な人材の確保

　目下のところ，上記の件が採用選考に際して考慮されるべき事項であることがうかがえる。そして，採用選考における試験問題や選考基準の公開を促した大きな要因として，20文科初第495号初等中等教育局長通知「教員の採用等

における不正な行為の防止について」(2008〈平成20〉年7月10日付)の内容[2]をとくに確認しておく必要がある。その内容を以下に掲げておく。

> この度,大分県において,小学校の教員採用試験に関し,教育委員会事務局の職員及び校長等が贈収賄の容疑で逮捕,起訴されるという事件が発生し,その他にも校長等への昇任について金券の授受が行われているという報道がなされるなど,県教育界の教職員が多数関わる深刻な問題となっております。
>
> このような問題が発生したことは,児童生徒や保護者,住民などの公教育に対する信頼を著しく裏切るものであり,極めて遺憾であります。
>
> ついては,教育委員会における採用や昇任等の人事行政に関して,金銭の授受等の不正な行為が行われることのないよう,その在り方を十分に点検するとともに,関係職員の服務規律の維持を徹底し,保護者や住民の信頼を損なうことのないよう適正な人事行政の一層の確保をお願いします。
>
> また,域内の市町村教育委員会に対しても,上記の旨を周知するよう併せてお願いします。

以上のような大分県における教員採用や昇任等の人事をめぐる不正事件の発生が,さらに20初教職第22号『平成21年度『教員採用等の改善に係る取組事例』の送付について」(2008年12月24日)の以下のような内容[3]につながっており,先に挙げた23文科初第1334号初等中等教育局長通知「教員採用等の改善について」(2011年12月27日)および中央教育審議会答申「これからの学校教育を担う教員の資質能力の向上について―学び合い,高め合う教員育成コミュニティの構築に向けて―」(2015年12月21日)の概要ともかなり関連していることが看取されるであろう。

> 1. 不正防止のチェック体制や透明性の確保を図る観点から,採用試験の管理体制の整備,学力試験問題等の公表及び採用選考基準の公表に努めることなど,教員採用選考等の更なる改善を進め,地域の保護者や住民から不正を疑われることのないよう適正性を確保すること。

2. 筆記試験は一定程度の水準に達しているかどうかの判断に用い，面接試験や実技試験等の成績，社会経験等を総合的かつ適切に評価することにより，人物を重視し，教員としての適格性を有する人材の確保に努めること。また，選考後においては，各選考段階について教育委員等による手順や手法等の点検とともに，判定結果と採用後の勤務実績等の関係などの実証的な分析などを行い，その結果をもとに更に改善に努めること。

3. 「規制改革・民間開放の推進に関する第2次答申」における教員採用，教員評価等に係る運用上の工夫及び留意点について」（平成18年3月31日付け17文科初第1183号，初等中等教育局長通知）も踏まえ，個性豊かで多様な人材を確保するため，特別免許状を積極的に活用し，教員免許状を有しない者も採用選考の受験を可能とするよう努めること。

　また，民間企業等での勤務経験のある社会人や，スポーツ・文化，青年海外協力隊等国際協力の分野において特に秀でた技能・実績を有する者等に対する選考の実施に努めること。

　さらに，資質の高い外国語科教員を採用するため，TOEIC，TOEFL，英検（例えば英検1級程度）など資格試験を活用することなど，採用選考の工夫について検討する必要があること。

4. 人柄や意欲，教員としての実践的指導力を見極めるため，大学等教員養成機関や教育実習校との連携を密にし，教育実習の評価を客観的なものにするなどの条件整備を図りつつ，教育実習校における評価を含めた教育実習の評価を選考の一つの判断資料として活用することに努めること。

5. 人物評価を多面的に行うため，受験者の出身大学や臨時的任用教員，非常勤教員等として勤務する学校の校長，社会活動の実績がある者について当該関係機関から推薦状を受けるなど，受験者の人柄や能力をよく知る者からの推薦を選考の一つの判断資料として活用することに努めること。なお，教職経験者の選考に当たっては，臨時的任用教員について優先権を与えることがないよう十分留意するなど，公平性，公正性，透明性の確保に努めること。

6. 豊かな体験を有する幅広い人材を確保するため，受験年齢制限の緩和を図るとともに，教員の年齢構成に配慮し採用者数の平準化を図るため，

中長期的視野から退職者数や児童生徒数の推移等を的確に分析・把握した計画的な教員採用・人事を行うよう努めること。その際，学校種別ごとの採用区分の弾力化，学校種間や他の都道府県等との人事交流の促進などにも配慮するとともに，中長期的な採用見込み者数の見通しなどの情報提供に努めること。

7．障害者の雇用の促進等に関する法律の一部を改正する法律（平成17年法律第81号）における衆議院厚生労働委員会及び参議院厚生労働委員会の附帯決議等を踏まえ，障害者の採用拡大に向けて，なお一層の取組を進めるよう必要な措置を講じること。特に平成19年10月31日付け厚生労働省発職高第1031001号により，厚生労働大臣から身体障害者又は知的障害者の採用に関する計画の適正実施について勧告を受けた教育委員会はもとより，法定雇用率を下回る教育委員会は，適切な実態把握と他の都道府県等の取組を参考にするなどして，教職員全体での計画的な採用の改善に努めること。

また，教職員のうち，教員の採用選考においては，障害を有する者を対象とした特別選考を行うなど，身体に障害のある者について，単に障害があることのみをもって不合理な取扱いがされることのないよう，選考方法上の工夫等適切な配慮を行うとともに，そうした配慮を実施することやその内容について広く教職を目指す者が了知できるよう広報周知に努めること。

なお，このことについては，文部科学省として，今後とも折りに触れてフォローアップ調査，ヒアリング等を継続的に実施する予定である。

8．学校教育法施行規則の一部を改正する省令（平成20年文部科学省令第5号）により，小学校の教育課程に外国語活動が追加されるとともに，平成21年度より外国語活動を教育課程に加えることが可能となっていることから，小学校の採用選考においても外国語活動に係る内容を盛り込むなど，外国語活動の追加に対応した教員採用の実施に努めること。

「教師の採用等の改善に係る取組事例」というリンク自体は，2003（平成15）年度分から掲載されているが，大分県の不正事件が問題にされた後の

2009（平成21）年度分以降のリンクには，詳細かつ膨大な資料が掲載され，「情報公開・不正防止のための措置」[4]においても，「採用選考の内容・基準について公表する県市は年々増加しており，平成21年度採用選考試験においては，解答の公表・採用選考基準の公表を行う県市が大幅に増加した」と述べられている。

最新版である2018（平成30）年度分の資料[5]においては，「採用選考の内容については平成30年度採用選考試験において，全68県市（前年度同）で公表されており，選考基準については，67県市（前年度68県市）で公表されており，そのうち53県市（前年度56県市）において，全ての基準が公開されている」「全ての県市において業務段階ごとに複数者でチェックする体制があり，一人で採点や集計などが行われることがないようになっている。また，受験者と利害関係がある場合は面接官として委嘱しない等，公平に面接が行われるよう配慮されている。採点者に受験者名や受験番号が分からないようにしたり，採点後の集計・一覧表作成時に受験番号を整理番号に置き換えたりするなど，全68県市（前年度同）が何らかの形で受験者の匿名化を行っている。教員免許状の有効性の確認については，全68県市が教員免許管理システムの利用や免許状の原本の確認等，何らかの形で有効性の確認を行っている」という現状が明らかにされている。さらに，特別の選考等の実施にかかわる調査結果として[6]，以下のようなことが示されている。

○学習指導要領の改訂を踏まえた取組
・小学校教員の採用選考において，外国語・外国語活動に関する筆記試験を全県市で実施，実技試験は28県市（24県市）で実施。
・英語の資格による一部試験免除・加点制度・特別の選考は58県市（53県市）で実施。
・小学校の教科等指導（算数，理科，音楽，外国語活動等）充実に向けた特別の選考を12県市（10県市）で実施。
○特定の資格や経歴等をもつ者を対象とした特別の選考等
・教職経験者や民間企業等での勤務経験を有する者など，特定の資格や経歴等をもつ者を対象とした一部試験免除が51県市（50県市）で，

> 特別の選考が64県市（64県市）で，それぞれ実施。
> ・障害のある者を対象とした特別の選考は66県市（67県市）で実施。
> ○大学院在学者・進学者に対する特例
> ・大学院修了者を対象とした特別の選考を7県市（7県市）で実施。
> ・大学院在学や進学を理由に採用を辞退した者に対し，67県市（65県市）が，採用候補者名簿登載期間の延長や採用の延期，次年度以降の一部試験免除・特別の選考など，特例的な措置を実施。
> ○受験年齢要件の緩和
> ・受験年齢制限なしとした県市が32県市（28県市）に拡大。

c．採用規定要因についての教育社会学的分析

　藤村正司は，公立小中学校教員の採用の規定要因について検討し[7]，①男女別では，選考過程において女性が不利に扱われてきたが，2000年以降，女性の採用率が上向いていること，②その理由の仮説として，教員の高齢化と大量退職を見据えて退職率の高い女性の採用を増やすことで人件費の抑制をはじめたと考えられること，将来にひしめく50代をにらんで管理職コースに乗らない女性を多く採用しているのではないかと考えられること，校長を中心とする管理強化に都合の良いように女性を多く採用しているのではないかということがあげられること，③定年退職予定者数だけで決定係数は80％であるが，教員相対賃金の高い自治体ほど採用数が少なく，財政力のある自治体ほど採用数が多いことを指摘し，教員賃金によって，教職選択・離職行動，採用行動と絡み合っていると述べている。このことから，逆に教員賃金の多寡によって，自治体の採用意図を推定することが可能であるとも読み取れるのではないだろうか。

2　職務内容

　篠田信司は，教員の職務の具体的な内容について以下のように整理している[8]。

(1) 学習指導
○教科指導に関すること
・担当教科の授業およびその準備（教材研究，指導法の工夫など）
・担当教科の評価，評定，記録
・担当教科に関する研修
○「総合的な学習の時間」の指導およびその準備
○学級担任として受け持つ授業
・道徳の時間，学級活動の時間の指導およびその準備
(2) 生徒指導に関すること（主として学級担任として）
○自己指導能力の育成（学校全体の指導計画に沿って）
○生徒理解および問題行動の早期発見・対応（いじめ・登校拒否など）
○生徒に対するカウンセリング（悩みを聞くなど）
○校則（生徒心得など）の指導
(3) 進路指導に関すること（主として学級担任として）
○個々の生徒の自己理解から自己実現にいたる指導・助言・援助（学級活動の時間）
○指導法の工夫，タイムリーな情報提供など
○上級学校訪問，職場訪問等の計画および実施（学年としての計画に沿って）
(4) 学級経営および学級事務に関すること（学級担任として）
○学級目標の設定，学級経営案の作成・実施・評価に関する事柄
○出席簿・指導要録・通知表の作成・管理，学級だより発行，保護者会の準備など）
○給食・清掃などの指導
(5) 生徒会活動に関すること
○生徒会活動に関する事柄の学級における指導
○各種委員会の顧問としての指導
(6) 学校行事に関すること
○儀式的行事，学芸的行事，健康安全・体育的行事，旅行・集団宿泊的行事，勤労生産・奉仕的行事等の計画，実施，評価に関するさまざまな事柄

(7) 校務分掌に関すること

○学校運営のために必要な事務的業務を校務分掌として一人ひとりが分担している。

○一般的には，教務部，生徒指導部，研究・研修部，進路指導部等の大きな分担の中に細かい係が設置されており，小規模校では1人が複数の係を分担することになる。

(8) 部活動に関すること

○部活動は教育課程に位置づけられてはいないが，中学校では非常に盛んに行われており，何らかの部を受け持つことになる。

引用・参考文献

1) http://www.mext.go.jp/a_menu/shotou/senkou/1329308.htm
2) http://www.mext.go.jp/a_menu/shotou/senkou/1243313.htm
3) http://www.mext.go.jp/a_menu/shotou/senkou/1243314.htm
4) http://www.mext.go.jp/component/a_menu/education/detail/__icsFiles/afieldfile/2009/01/19/1218034_8.pdf
5) http://www.mext.go.jp/component/a_menu/education/detail/__icsFiles/afieldfile/2018/02/21/1401423_10.pdf
6) http://www.mext.go.jp/component/a_menu/education/detail/__icsFiles/afieldfile/2018/02/21/1401423_1.pdf
7) 藤村正司「教職選択と教員採用の社会学」加野芳正他編集『新説 教育社会学』玉川大学出版部，2007年
8) 篠田信司『教職の意義と教員の職務〔改訂版〕解説資料』三省堂，2003年

13章

これからの中等教師

1 | 教師論の変遷からみる教師のもつべき資質[1]

a. 深く，広い人間性──「師匠」としての教師

　古代ギリシャの時代からポリスの市民のための教養として，文法・音楽・体操を教える教師が存在したし，ソフィストといった職業的な教師群も存在した。この時代にすでに，知識や技能を伝達する仕事が独立し，その仕事を専門的に担う職業が成立したわけである。

　日本でも，空海が開設した綜芸種智院（しゅげいしゅちいん）の時代から教師は存在したし，華道や茶道においても「師匠」という教師がいた。さらに江戸時代には，武士を対象とする藩校，庶民を対象とする郷校・寺子屋などで教える「師匠」が存在した。「師匠－弟子」の関係は儒教の教えを基本とした。儒教では，師の重要な条件は人徳の高いこと，つまり修徳という教育目的を具備していることが，指導性よりも重視された。それは修徳の過程は師を模範としてそれを模倣することであるから，モデルが悪ければいかんともしがたいためである。よって，江戸時代の教師は，ある程度の知識をもっていることが前提にされたとはいえ，まず何よりも徳があり，「深く，広い人間性をもつ」ものとされたといえる。

b. 子どもへの教育的愛情──「聖職者」としての教師

　教師は「生きた人間」「未来を背負って成長している若い生命」を教えるという意味で，他の職業とは違うという考え方がある。他の職業に比べて非常に精神性が高い職業であるから，教師の仕事は気高く神聖な職務であり，天から授けられた職務，すなわち聖職であるとする考え方である。これを教師聖職者

論という。

　日本ではこの考え方が，教師を統制し，不遇な環境に追い込むことに用いられた。明治期に入って，政府は，すべての国民を学校に行かせるために，日本で最初の近代的なきまりである「学制」を1872（明治5）年に制定した。その中で，日本各地域に小学校をつくること，小学校の教師を養成することを求めた。各地では，教師を養成する師範学校がつくられることになった。

　師範学校の教育目的は，1886（明治19）年制定の「師範学校令」にはっきりと示されている。すなわち「生徒ヲシテ順良信愛威重ノ気質ヲ備ヘシムルコト」である。「順良」とは「おとなしくて素直なこと」，「信愛」とは「信用して大切にすること」，「威重」とはおおよそ「重々しく権威を持ってふるまうこと」という意味である。誰に順良であるかといえば，職場にあっては上司，すなわち今でいう校長や教頭，さらにその上にある国家に対してであった。子どもに対しては，信愛をもってあたり，重々しく威厳をもってふるまうこととされた。

　上司にこびへつらうという点を強調して，師範学校出の教師は，素直で純粋であるが，命令や権威に従順であり，目下のものには権威をふりかざす人間だとも批判され，「師範タイプ」と言われた。一方で，子どもに対しては愛情をもって，時に厳しく，時には優しく接する必要があるとされた。ここからすれば，教師にはまさに「子どもへの教育的愛情」が非常に大事であるということができる。

c. 教育のプロとしての自覚──「労働者」としての教師

　このような師範学校を卒業した教師は，非常に重要な職務を担いながら，一方で不遇な環境に置かれた。教師が子どもの成長という精神的なことを扱っていることから，お金といった物質的・経済的なことに対してあれこれいうことはタブーとされたからである。「清貧に甘んじるのが当たり前」という意識を教師に植えつけ，国民にも教師は聖職者であることから貧しいのは当たり前という雰囲気をもたせたのである。

　しかし，このような教師たちも自分自身に目覚める時期が来る。大正デモクラシーの中で，教師も人間であり当然生きていかなくてはならない，だから自分は「神様の僕(しもべ)」でもなければ「聖職」でもない，労働者だとする考え方が生

まれた。学校を職場として働き，その労働の対価として賃金をもらって生計をたてている労働者であり，生きていくための「生活権を擁護」するのは，他の労働者と一緒だという考えである。これを教師労働者論という。

　1人では労働者としての力は弱いので，教師は団結して組合をつくることになる。戦前では，1919（大正8）年には啓明会という教員団体が結成されている。戦後になって1947（昭和22）年6月には，全国的な組織である日本教職員組合（日教組）が結成された。日教組は，1951（昭和26）年に10項目の「教師の倫理綱領」を発表した。そこには「1. 教師は日本社会の課題にこたえて青少年とともに生きる。…（中略）… 8. 教師は労働者である。9. 教師は生活権をまもる。10. 教師は団結する」とある。また日教組は教育労働者として，教育に関する研究を行う必要性を痛感し，倫理綱領を出した同じ年に全国の教員の代表が一堂に会する全国教育研究大会（教研）を実施した。大会は，日教組が分裂した以降もそれぞれの組合ごとに行われている。これは，教師が教育の労働者である以上，「教育のプロ」でなくてはならないことを示している。

d.「専門職」としての教師

　以上でみてきたように，教師は「深く，広い人間性」をふまえ，子どもに対する熱い「教育的愛情」をもって，「教育のプロ」として生きていく必要がある。これらを統一して把握しようとするのが，「専門職」として教師をとらえる考え方である。

　この考え方は，1966（昭和41）年に国際労働機関（ILO）・国際連合教育科学文化機関（ユネスコ）が「教師の地位に対する勧告」をパリのユネスコ本部における特別政府間会議で採択したことから，より重視されるようになった。勧告の「Ⅲ　指導的諸原則」の第5, 6項目は次のように記している。

5. 教員の地位は，教育の目的，目標に照らして評価される教育の必要性にみあったものでなければならない。教育の目的，目標を完全に実現するうえで，教員の正当な地位および教育職に対する正当な社会的尊厳が，大きな重要性をもっていることが認識されなければならない。
6. 教育の仕事は専門職とみなされるべきである。この職業は厳しい，継続

的な研究を経て獲得され，維持される専門的知識および特別な技術を教員に要求する公共的業務の一種である。また，責任をもたされた生徒の教育および福祉に対して，個人的および共同の責任感を要求するものである。

ここでは，教師に対する社会的な尊厳が教育を遂行するのに非常に大事であることが指摘されており，社会的尊厳を得るためにも，教師は継続的な研究によって「専門的知識と特別な技術」を手に入れていかなければならない，とされている。

なおユネスコは，1996年にもいわゆる「教員の役割と地位に関する勧告」を採択した。ここでは，現代の教師がコミュニティの有能な担い手として，教育的活動の調整者という機能をもつことがめざされている[2]。この勧告によれば，教師の役割には，教育活動，研修と変化への積極的対応，学校づくりへの参加の3つがある。またこれらを遂行するために，「学習の援助者（ファシリテーター）」としての力量，「教育的な指導」ができること，コミュニティの一員として積極的に活動すること，といった専門性を求めている。

2 教師の専門性

a. 準専門職としての位置づけ

それでは，ユネスコがいう「専門的知識と特別な技術」とは何だろうか。教師は本当に専門職といえるのだろうか。アメリカのリーバーマン（Lieberman, M. 1919- ）による「専門職」の定義は次のようなものである。

(1) 範囲が明確で，社会的に不可欠な仕事に独占的に従事する。
(2) 高度な知的技術を用いる。
(3) 長期の専門教育を必要とする。
(4) 従事者は人としても集団としても広範な自律性が与えられる。
(5) 専門的自立性の範囲内で行った判断や行為については直接に責任を負う。
(6) 営利ではなくサービスを動機とする。
(7) 包含的な自治組織を形成している。

(8) 適用の仕方が具体化されている倫理綱領をもっている[3]。

　これを教師に照らし合わせてみると，はっきりと合致しているといえるのは(1)と(6)ぐらいであり，それ以外は該当しないと思われる。ここでは(4)と(5)について分析してみよう。

　(4)について，確かに，教師は校長や教頭の監督を受けずに教室において「自律的」に自由に教育活動を行っている。これはベテランの教師だけではなく，新任の教師であっても同様であり，最初から数十人のクラスの教育を全面的に任される。この面では専門職的である。しかし，学校での教師の仕事の内容や進行方法などは，学習指導要領や各々の学校方針などで，詳細かつ具体的に決まっている。他の専門職のように，時間的自由や仕事の自主性も多いとはいえない。よって「自律的」とまではいえないのである。(5)は(4)の裏返しとなっている。教室で起こったことは，直接はその担任が負うが，その全体責任は，校長や教育委員会などにある。

　よって教師という仕事は，社会的に不可欠な，営利ではない奉仕（サービス）的な職業ではあるが，いまだに「専門的知識と特別な技術」が不明確であり，また長期の訓練が必要とはされておらず，いまだ「準専門職」としてしか位置づけられていない，といえよう。

b. 教師の仕事の「不確実性」と「無境界性」

　さらに，教師という仕事，とくにその実践については，その性質上「専門的知識と特別な技術」が厳密化・体系化することが困難な点が2つある[4]。

　その1つは「不確実性」である。教師がある教育実践を試みれば，必ずある成果が出る，という保障はまったくない。医療実践においては，どの医者であれ，ある病気の患者に対して，ある薬や注射，手術といった処置を施せば，ある一定の結果が出てくるといった，ある程度確実な専門知識や技術が存在する。しかし教師の場合には，ある教師が成功した実践を他の教師が同じようにしたとしても，成功するかどうか確かではない。別な言い方をすれば，成功したのはその教師のキャラクターによるところが大きいともいえる。

　また，同じ教師がある教室で成功した実践が，別の教室で成功するかどうかの保障はない。それぞれの教室の生徒たちが多様で予測不可能だからである。

生徒たちはそれぞれ固有の生活体験をもっており，それぞれ異なった学習スタイルや態度をもっている。さらにいえば，同じ教室の生徒たちであっても，ある日に成功した実践が，翌月には成功しない場合さえある。生徒たちが日々成長・発達しているからである。こうした生徒たちの個別具体的な多様さゆえに，教師の仕事は不確実となるのである。

　生徒の多様性とともに，教育目的そのものの多様性や曖昧さによっても，教師の仕事に不確実性がもたらされる。良い教育とは何か，そもそも「良い」とは何か，などを突き詰めていくと，教育の目的はどんどん曖昧になっていく。時代によって，国によって，人によって，教育への価値観が違っている。教育基本法にうたわれている「人格の完成」や，1990年代以降，文部科学省が唱え続けている「生きる力の育成」も抽象的である。このためこれらの目的を達成するために教育実践が不確実となり，教師の仕事も不確実となるのである。

　もう1つは「無境界性」である。教師の仕事や範囲，そして責任がどこまでなのかという境界は不明瞭である。医者の場合，患者に処置を行い病気が治れば，そこで患者に対する仕事は完了する。しかし教師の場合には，たとえ担当の授業や一定期間の生活指導が終わったからといっても，そこでその生徒に対する教育そのものが完了したとはいえない。生徒のためにやろうと思えば際限がないのである。人にとって，病院は退院したり行かなくてすむことが何より良いことであるのに対し，学校は単に卒業したからといって，すべての教育が終わり良かったとはいかないところに，教育の難しさがあるのである。

　また，教師が教える内容の範囲自体にも境界がない。知識を与えることが教師の役割であるというのは非常に古い考え方である。だからといって，夕方に繁華街で遊んでいて町の人々に迷惑をかけた生徒の指導は，学校や教師の責任だ，とはっきりと言えるだろうか。本来学校の，もしくは教師の仕事かどうかわからない事柄も，教育熱心な学校・教師であればあるほど抱え込み，その範囲が広がり，境界がどんどんわからなくなってくるのである。

　教師の仕事の無境界性がどこから来るかといえば，教師の仕事の成果が学校外の要因によっても，もたらさせられるからである。別な言い方をすれば，教師の仕事が不確実であるから，無境界にもなってしまうのである。まさに「不確実性」と「無境界性」は表と裏の関係であるといえよう。

c. 反省的実践家としての教師

　しかし，そのような「不確実」で「無境界」という仕事をもつ教師についても，そのような特徴をもつ「専門職」としてとらえる考え方が生まれてきている。それがアメリカのドナルド・ショーン（Schön, D. 1931-1997）による「反省的実践家」としての教師という考え方である[5]。これまで，教育実践は，教授学や心理学によって明らかにされてきた原理や技術の，教育場面への合理的適用という技術的実践としてとらえられ，教師を，それらの原理や技術に習熟した技術的熟達者としておさえてきた。

　木彫りの職人を例にして考えてみよう。経験をもった，優れた木彫り職人は，目の前にある素材，たとえば柿の木を見た瞬間に，この木は樹齢何年で，硬さがどれくらいかを判断する。そして，それを欄間にしようとしたとき，何十種類もあるノミの中から，まず〇〇を使い，次に△△を使って削っていくという流れをつかむ。これらを判断できるのは，それまでに自分が経験したことを，頭の中から取り出して，それを今回の木に適用するからである。「職人には経験が何より大事」というのはこのような意味である。ベテランで経験のある教師も，これと同様なことを行うことは確かである。「かつて，授業中に男の子の1人が暴れだしたとき，私は〇〇という対応をとった」から，今回の場合もそれに当てはめようとするのである。

　しかし，それだけで授業が，教育ができるであろうか。授業で教師がまったく予期していないこと，経験がないことが起こるのは決してめずらしくない。そのとき教師は，木彫り職人と同じように，自分の経験の中からその状況に合ったものを取り出すわけにはいかない。そうではなくて，優れたベテラン教師は，今起こっている状況をすばやく察知し，子どもたちの思っていることについて，即興的に（アドリブ的に），創造的に対応しているのである。教師は，40人の子どもたちがさまざまに考えていることが授業の中で渦巻く様子を注意深く見て，自分自身で積極的にそれにかかわり，解決へと導いていくのである。まさに瞬時の判断と必要な選択を次々に行っているのである。これをドナルド・ショーンは「反省的実践」と名づけた。教師は，授業という複雑な状況を即興的に認識し，即興的に判断して対応する「反省的実践家」であるとするのである。

生徒が少しでも成長するように，教師がいろいろと考えて実践する。生徒が多様で，時と場合もさまざまである中で教育実践を行う。上記にみたように多様であるがゆえの困難さは確かにある。しかしこれらの困難さがあるからこそ，魅力的な仕事であるともいえる。試行錯誤を繰り返しながら創造的な実践に挑戦する気持ちが大事なのはいうまでもない。その中で教師として成長していくことにもなるのである。

3 これからの教師

a. 一般的に求められる資質

政府も，教師を専門職としてとらえている。1989（平成元）年の教育職員免許法改正の前提となった，1987（昭和62）年の教育職員養成審議会答申の「はじめに」では，いつの時代にあっても一般的に求められる「教員の資質」を次のように説明している。

「学校教育の直接の担い手である教員の活動は，人間の心身の発達にかかわるものであり，幼児・児童・生徒の人格形成に大きな影響を及ぼすものである。このような専門職としての教員の職責にかんがみ，教員については，教育者としての使命感，人間の成長・発達についての深い理解，幼児・児童・生徒に対する教育的愛情，教科等に関する専門的知識，広く豊かな教養，そしてこれらを基盤とした実践的指導力が必要である」

この定義の特徴は，教員のあるべき姿を「資質」としておさえていること，使命感，愛情，知識，教養を基盤とした「実践的指導力」を要求していることである。

b. 21世紀を見据えた教師の資質

さらに1998（平成10）年の教育職員免許法の前提となった，1997（平成9）年の教育職員養成審議会第1次答申「新たな時代に向けた教員養成の改善方策について」は，21世紀を見据えた教師の資質能力の例を示した。これは今でも重要視されるべき点が含まれていると思われる。答申では「これからの教員

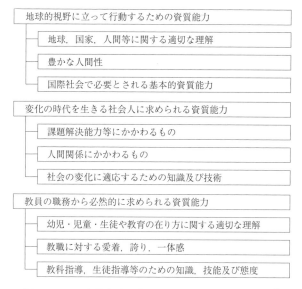

図13－1 今後とくに教員に求められる資質能力[6]

には，変化の激しい時代にあって，子どもたちに〔生きる力〕を育む教育を授けることが期待される」という観点から，一般的資質能力との重複や事項間の若干の重複をいとわず図式的に整理し，今後とくに求められる資質能力の例を図13－1のように示した。

この説明として，「未来に生きる子どもたちを育てる教員には，まず，地球や人類の在り方をみずから考えるとともに，培った幅広い視野を教育活動に積極的に活かすことが求められる。さらに，教員という職業自体が社会的に特に高い人格・識見を求められる性質のものであることから，教員は変化の時代を生きる社会人に必要な資質能力をも十分に兼ね備えていなければならず，これらを前提に，当然のこととして，教職に直接関わる多様な資質能力を有することが必要と考える」と記されている。

c. 得意分野をもつ教師とあるべき教師像

さらに，答申では「このように教員には多様な資質能力が求められ，教員一人ひとりがこれらについて最小限必要な知識，技能等を備えることが不可欠で

ある。しかしながら、すべての教員が一律にこれら多様な資質能力を高度に身につけることを期待しても、それは現実的ではない」とする。そうではなく「学校では、多様な資質能力をもつ個性豊かな人材によって構成される教員集団が連携・協働することにより、学校という組織全体として充実した教育活動を展開すべき」だとするのである。そして、画一的な教員像を求めることは避けて、「生涯にわたり資質能力の向上を図るという前提に立って、全教員に共通に求められる基礎的・基本的な資質能力を確保するとともに、さらに積極的に各人の得意分野づくりや個性の伸張を図ることが大切である」とするのである。

中央教育審議会義務教育特別部会は、2005（平成17）年10月26日に「新しい時代の義務教育を創造する」という答申の中で、「あるべき教師像」を明示した。「教職に対する強い情熱」「教育の専門家としての確かな力量」「総合的な人間力」の3つである。そこでは、専門家としての確かな力量を具体的に、子ども理解力、児童・生徒指導力、集団指導の力、学級づくりの力、学習指導・授業づくりの力、教材解釈力とあげている。また、総合的な人間力の例として、豊かな人間性や社会性、常識と教養、礼儀作法をはじめ対人関係能力、コミュニケーション能力などがあげられている。また、その後の答申などでも、言い方は別にして、同様の指摘がなされている。

4　中等学校の教師とは

a.「方法の教師」と「学芸の教師」

これまで学校種などを考えずに、教師をひとくくりにして考察してきた。ここでは教師を二種に分けて考えていきたい。それは「方法の教師」と「学芸の教師」という考え方である。

「方法の教師」とは、初等学校で教える教師を対象にする言葉である。初等学校はすべての子どもたちを対象とし、読み・書き・そろばんに象徴される基礎的な内容を身につけさせる学校である。そこでの教師は、どのように教えればよいかといった教育技術や生徒理解が大事であるとされ、戦前の日本ではそのようなことが師範学校で指導された。

それに比して「学芸の教師」は、戦前の中等学校で教える教師を対象にする言葉である。中等学校は有産階級の子弟を対象とし、「自由学芸」（リベラルアーツ）を教育内容とする、大学へ接続する系統の学校である。その教師は大学などの高等教育を受けた者がなった。戦前の日本でも大学で教員が養成されたが、特別の教員養成プログラムは用意されていなかった。大学は最高学府であり、それぞれの分野の学問的内容や研究方法を身につければ、それで十分に中学校などで教えられると考えられた。この考え方をアカデミズムという。教育内容や知識が重視され、教育技術や生徒理解などは軽視されたのである。

このような考え方は、教師の専門性の内実と深くかかわっている。1のdでは、教師は「深く、広い人間性」をふまえて、子どもに対する熱い「教育的愛情」をもち、「教育のプロ」として生きていく必要がある、と述べた。さらに、2において「教育のプロ」として教師には「専門的知識と特別な技術」が必要であり、「反省的実践家としての教師」という新しい考え方も示されつつあるが、教師のもつべき知識や技術の内実はまだまだ不明瞭である、ということも述べた。そうなると、その内実が問われるわけであるが、その答えの1つが「方法の教師」と「学芸の教師」を合わせもつことである。

すなわち、「方法の教師」がもっていたような教育技術や生徒理解といった「教職専門」の内容と、「学芸の教師」がもっていたようなその教科がもつ学問的内容や研究方法といった「教科の教養」の内容の双方を、教師は合わせもつ必要があるのである。歴史的には、このどちらかに偏った教師が養成されてきたわけであるが、現在ではその双方をもつことが必須なのである。

b. 中等教育の目的からみた教師[7]

中等教育は、その目的からみても次のような二重性をもつ。第1に、完成教育でありながら進学教育でもあるという点である。中等教育が初等教育と高等教育の真ん中に位置し、高等教育との接続を意識せざるをえないために起こる。中学校には中学校の独自な教育目標があるにもかかわらず、3年生になると高校進学のための教育が中心となりがちなことなどはこの例である。完成教育と進学教育は異なる目的をもつが、少しでも内面的な結びつきを図る必要がある。その方法としては、①内的興味を培う、②精選された知識を身につける、③知

性的な思考力を育てる，などがあろう。①について説明すると，進学を迫られている中学校生徒は，入試通過という外的興味に駆られて学習をしており，学習はいわば進学のための手段となっている。そうではなく，将来の夢や理想と絡めて進学を意識させることが，内的興味につながるのである。

第2に，普通教育と職業教育の双方を合わせもつという二重性である。これは，中等教育が多くの場合，普通教育の内容が問われる進学教育を担いながらも，職業教育の内容が役に立つ実社会に向き合っていることに起因するものである。職業系の高等学校生徒が，日本史の先生に対して「先生，日本史なんて関係ねーよ」というのがこの例である。普通教育と職業教育の内容は確かに別なものであるが，少しでも内面的な結びつきを図る必要がある。その方法としては，①考えながら働くことを重んじる，②現代技術の基本を身につける，③技術と生活との結合を図る，などのことが考えられる。①について説明すると，特定の職業にむかってそれに必要な技術のみを訓練する単一的な技術教育は，頭は休んで手足ばかりが働いている教育である。もし職業を変えるとしたら使えないし，機械の代わりとなる歯車としての技術である。そうではなく，職業技術に対する広い知見を見出させ，全体の中での位置づけを思考する技術などを理解させ，訓練させなければならないのである。

c．中学校，そして高等学校の教師

中等教育の学校として，中学校と高等学校がある。その学校における教師の専門性も若干違うといえよう。あなたは，どちらの学校の先生になりたいと思っているのだろうか。それぞれの学校の特色とともに，教師の専門性を見据えて，大学時代に磨いてほしいことを記したい。

まず，中学校・高等学校の教師として共通に必要なことは，これまでに何度も記してきた「深く，広い人間性」をもつための教養である。古典的な素養をもちつつ，時代の変化に敏感でなくてはならない。

そのうえで，中学校の教師になりたいと考えているあなたは，おそらく子ども自体が好きで，特別活動や部活動などで，生徒と人間的なふれあいをしたいと考えているだろう。そして，今の時点でもサークル活動においても友達との人間関係を大事にし，教職に関する科目の授業もしっかりと聞いているのであ

ろう。ということは，上述した「教職専門」についての学習を，自ら率先して自然のうちに身につけていることになる。だからこそ，お願いしたい。「教科の力を身につけてほしい」と。中学生に教える教科それぞれの背景に，どのような学問があり，その学問を進展させるために，人間がどれだけの英知を注いできたかを，大学の授業の中で，これまで以上にじっくりと理解してほしいのだ。

一方で，高等学校の教師になりたいと考えているあなたは，おそらく，自分が所属している学科を背景にもつ教科が大好きであろう。国語が好きな人は，きっと時間を惜しんで読書をしているであろうし，家庭科が好きな人は，調理や裁縫が好きであろう。ということは，今の時点で上述した「教科の教養」をだいぶ身につけているといえるだろう。だからこそ，お願いしたい。「どうやって教えるのかという教育の方法や技術に目を向けてほしい」と。高等学校でも生徒は，楽しい授業を欲しているはずである。学問を背景にもつ教科それぞれには知的なおもしろさが確かにある。しかしそれをより光らせるのは，あなたの教育方法の力なのだ。

d. これからの教師 ── 今と未来を見据える目

教育および教師に対するさまざまな施策が講じられる中，教師はどのようにあるべきなのだろうか。

まず，今を見つめる目をもってほしい。そのためには自分自身を磨くことが必要である。さまざまな機会をとらえて教師自身が勉強すること，それを通じて，自分がおかれている学校，変わってきたとされる子どもや親の状況を理解しなくてはならない。勉強することで，子ども，家族，社会の問題という今がみえてくるはずなのである。そのうえで未来を見据える目を養ってほしい。未来を見据えるとは「もし〜〜という事態が続いたら，〜〜ということが起こる」という，未来を予測し判断する目である。今教えている子どもたちには〇〇という問題点があり，これが続くと△△という事態を招く，だから今，□□という対応をする，といった一連の行動は，実は未来を見据えるからこそ，できるのである。この目を養うためには，ちょっとしたことにでも疑問をもつ姿勢からはじめたい。

教師は，人間が生み出してきた壮大な文化遺産を背景とする教科を教えなが

ら，子どもの健やかな成長・発達を促す仕事である。教師は，子どもや親，そして地域の住民とともに今を生きている。教師だけでできることには限界がある。「みんなとともに」教え，学び合って，教師は成長するのである。

注釈，引用・参考文献

1) 第1節をよりくわしくしたものとして，拙論「10章 求められる教師像」佐々木正治編著『新教育原理・教師論』福村出版，2008年がある。
2) UNESCO International Bureau of Education, *International Conference on Education 45th Session Final Report*, 1997. ただし，秋田喜代美・佐藤学編著『新しい時代の教職入門』有斐閣，2006年を参照した。また，勧告に関する内容については，子安潤「教師の教養」愛知教育大学共通科目研究交流誌『教育と教養』第2号，2002年を参照した。
3) Lieberman M., *Education as a Profession*, Prentice-Hall, 1956. ただし，小島弘道・北神正行他『教師の条件〔第2版〕——授業と学校をつくる力』学文社，2006年を参照した。
4) 2つの点については，曽余田浩史他編著『ティーチング・プロフェッション——21世紀に通用する教師をめざして』明治図書出版，2002年を参照した。
5) 反省的実践家としての教師については，以下の文献を参照した。
　秋田喜代美「教師教育における「省察」概念の展開」森田尚人他編集『教育学年報5　教育と市場』世織書房，1996年
　ショーン，D. 著，佐藤学・秋田喜代美訳『専門家の知恵』ゆるみ出版，2001年
6) 教育職員養成審議会第1次答申「新たな時代に向けた教員養成の改善方策について」1997年
7) 中等教育の目的の二重性については，広岡亮蔵『中等教育原理』国土社，1965年のうち，とくに「第二章　教育の目的」を参照した。

人名索引

▶ ア 行
アリエス　17
アロンソン　55
ヴィゴツキー　59
エリクソン　86

▶ カ 行
キルパトリック　55
空海　181
ケイ　37
ケルシェンシュタイナー　25
ゲーレン　22
コメニウス　24, 51

▶ サ 行
ジェルピ　144
シュプランガー　25-26
ショーン　187
スキナー　56

▶ タ 行
チラー　53
デューイ　30, 37-38, 54, 58-61

▶ ナ 行
ノール　25

▶ ハ 行
ハウスクネヒト　53
パウルゼン　25
バーンスティン　27
フィリップス　55
プラトン　32
ブルデュー　26-27
ブルーナー　38, 58
ペスタロッチ　24, 51-53
ベル　54
ヘルバルト　29, 51-53, 60, 84
ポストマン　17-18
ポルトマン　23

▶ マ 行
ミード　23
森有礼　135

▶ ラ 行
ライン　53
ランカスター　54, 67
ラングラン　141-145
リット　25
リーバーマン　184
ルソー　22, 24, 51-52
ロジャーズ　86

事項索引

▶ ア 行

アカウンタビリティ 115, 120
アクティブ・ラーニング 48, 57, 63
アビトゥア取得 133
アメリカ合衆国の学校制度 129
イギリスの学校制度 131
生きる力 43-45, 148
一斉学習（一斉教授） 55
『一般教育学』 29, 52
一般行政からの独立 157
『隠者の夕暮れ』 52
『エミール』 24

▶ カ 行

ガイダンス 106
カウンセリング 106
カウンセリングマインド 87
学業指導 71
学習指導 71
学習指導要領 42-50, 166-167
学習到達度調査（PISA 調査） 62
学制 134, 137, 182
下構型学校系統 128
学級 67
学級・ホームルーム活動 73, 101
学級・ホームルーム経営 67, 69
学級・ホームルーム経営案 69
学級・ホームルーム経営の領域 70
学級・ホームルーム集団づくり 75
学級・ホームルームの環境経営 75
学級・ホームルームの機能 68
学級・ホームルームの評価基準 78
学校教育法 117, 137
学校行事 103
学校経営改革 115
学校経営計画 119
学校経営の過程 121
学校経営の組織 117
学校組織の運営 118
『学校と社会』 54
学校における働き方改革 109
学校の権威 14
カリキュラム 35
カリキュラム開発 121
カリキュラム経営 71
カリキュラムの類型 41
カリキュラム編成 40
危機管理 121
儀式的行事 104
「基礎・基本」 48
規範意識 83
キャリア教育 45, 91
教育委員会 156
教育委員会制度 157
教育課程行政 164
教育課程の法制 165
教育基本法 30, 137
教育行政 155
教育行政の基本原理 155
教育職員養成審議会答申 188
教育長 163
教育内容の現代化運動 38
教育内容の精選・厳選 48
『教育の過程』 38, 58
教員採用候補者選考試験 172
教員の職務 178
教科課程 35
教科カリキュラム 41
教科書行政 167
教科書検定 168
教科書の採択と供給 169
教科書の法制 167

共感的理解　86
教師聖職者論　181
教師像　189
教師の権威　14
教師の資質　188
教師の専門性　184
教師の倫理綱領　183
教師労働者論　183
規律　82
クラブ活動　108
経験カリキュラム　41
系統学習　58
「言語能力の確実な育成」　48
コア・カリキュラム　41
広域カリキュラム　41
公共の精神　31, 83
校長のリーダーシップ　123
高等学校　138
高等学校の教師　192
校内暴力　13
公立学校教員採用選考　173
5段階教授法　53
コーディネーター　111
古典的生涯教育論　142
子ども観　18
子ども期　18
個別学習（個人指導）　55
コレージュ　132
コンプリヘンシブ・スクール　131

▶ サ 行

採用試験　172
ジェルピの生涯教育論　144
自我同一性（アイデンティティ）　86
シークエンス　40
自己実現　81, 93
自己指導能力　72, 82
自己理解　93
師匠　181
実技試験　175, 177

実践的指導力　188
児童中心主義教育　37
師範学校　182
師範学校令　182
社会教育の定義　149
社会的構成主義の学習論　59
自由学芸　191
儒教　181
授業の指導原則　60
綜芸種智院　181
主要能力（キー・コンピテンシー）　45, 64
生涯学習の理念　145, 149
生涯教育と生涯学習　144
上構型学校系統　128
小集団学習（グループ学習）　55
少年犯罪　10
職員会議　119
新学力観　43
新教育運動　37
診断的理解　86
人物評価　175
進路指導　73
進路指導主事　95
スコープ　40
スリー・アールズ（3R's）　17, 127
青少年のコンサマトリー化　19
生徒会活動　102
生徒指導　72
生徒指導主事　90
青年期の教育問題　10
青年像　17
『世界図絵』　51
相関カリキュラム　41
総合的な探究の時間　48, 96, 171
組織風土　124
組織マネジメント　115
ソフィスト　181

▶ タ 行

『大教授学』　51

確かな学力　44
単線型学校制度　128
知識基盤社会　45
知識経営（ナレッジ・マネジメント）　124
地方分権　156
中央教育審議会答申　108, 115
中学校　134, 137
中学校の教師　192
中等学校の教師　190
中等教育学校　136, 139
中等教育の学校経営　114
中等教育の経営　114
中等教育の現代的課題　9
中等教育の目的　32
中等教員の採用　172
デジタル教科書　170
ドイツの学校制度　133
統一学校制度　130
特別活動　98

▶ナ　行
人間中心カリキュラム　39
人間としての在り方生き方　92

▶ハ　行
バカロレア取得試験　132
『白鳥の歌』　52
バズ学習　55
発見学習　58
発達障害　87
反省的実践家としての教師　187
ファシリテーター　77, 111
『フォール報告書』　142-143

深い学び　63
部活動　108
不登校　15
フランスの学校制度　132
プログラミング教育　48
プログラム学習　56
プロジェクト・メソッド　57
分岐型学校制度　128
法律主義　156
補助教材　170
ホームルーム　67

▶マ　行
マネジメント・サイクル　70
『民主主義と教育』　30
面接試験　175
モニトリアル・システム（助教法）　53, 67
モラル・パニック　13
問題解決学習　58
文部科学省の任務と組織　158

▶ヤ　行
融合カリキュラム　41
「ゆとり」教育　43

▶ラ　行
ラングランの生涯教育論　141-142
リカレント教育　143
リセ　132
臨時教育審議会第2次答申　146, 148

▶ワ　行
わが国における中等教育の制度　134

編著者
佐々木正治　広島大学名誉教授

著者〈執筆順，（　）は執筆担当箇所〉
山田浩之　（1章）広島大学
岡谷英明　（2章）高知大学
山岸知幸　（3章）香川大学
田代高章　（4章）岩手大学
佐々木正治　（5章）編著者
上寺康司　（6章）福岡工業大学
伊藤一統　（7章）宇部フロンティア大学短期大学部
矢藤誠慈郎　（8章）和洋女子大学
松原勝敏　（9章）高松大学
赤木恒雄　（10章）倉敷芸術科学大学名誉教授
髙橋正司　（11章）岐阜女子大学
堀田哲一郎　（12章）広島修道大学
大矢一人　（13章）藤女子大学

新中等教育原理〔改訂版〕

2019年9月10日　初版第1刷発行
2023年8月25日　　　第3刷発行

編著者　佐々木 正治
発行者　宮下 基幸
発行所　福村出版株式会社
〒113-0034　東京都文京区湯島2-14-11
電話　03-5812-9702　FAX　03-5812-9705
https://www.fukumura.co.jp

印刷　株式会社文化カラー印刷
製本　協栄製本株式会社

©Masaharu Sasaki 2019
Printed in Japan
ISBN978-4-571-10188-5
乱丁本・落丁本はお取替え致します。
定価はカバーに表示してあります。

福村出版◆好評図書

佐々木正治 編著
新 初 等 教 育 原 理

◎2,500円　ISBN978-4-571-10169-4　C3037

今日的課題もふまえ，初等教育の基礎的知見をわかりやすく解説。次世代を育てる原理と理念を明らかにする。

田代高章・阿部 昇 編著
「生きる力」を育む 総合的な学習の時間
●自己創造・社会創造へつながる理論と実践

◎2,600円　ISBN978-4-571-10192-2　C3037

「総合的な学習の時間」のあり方を理論的・実践的に提示する。東北地方の小中高における実践例を豊富に掲載。

岩手大学教育学部・岩手大学教育学部附属中学校 編著
Society 5.0時代の中学校教育の構想と実践
●1人1台端末時代の新しい授業の形[全教科対応]

◎3,000円　ISBN978-4-571-10197-7　C3037

超スマート社会(Society 5.0)の到来を見据えた，タブレット等ICTを活用した教育の指導計画と実践例を豊富に紹介。

坂越正樹 監修／八島美菜子・小笠原 文・伊藤 駿 編著
未来をひらく子ども学
●子どもを取り巻く研究・環境・社会

◎2,600円　ISBN978-4-571-10203-5　C3037

震災やコロナ禍により激変した環境の中，子どもたちはどう育つのか。学術・社会・文化など多方面から解説。

松浪健四郎 監修／齋藤雅英・宇部弘子・市川優一郎・若尾良徳 編著
「自己指導能力」を育てる生徒指導
●一人一人の自己実現を支援する

◎2,600円　ISBN978-4-571-10202-8　C3037

改訂版生徒指導提要に準拠した教科書。性の問題，多様な背景を持つ児童生徒への対応など新しい課題を網羅。

渡辺弥生・小泉令三 編著
ソーシャル・エモーショナル・ラーニング(SEL) 非認知能力を育てる教育フレームワーク

◎2,600円　ISBN978-4-571-10198-4　C3037

子どもの感情と社会性を育む国際的教育活動「SEL」の概要・導入・アセスメント・日本の実践例を紹介。

山崎勝之 編著
日本の心理教育プログラム
●心の健康を守る学校教育の再生と未来

◎2,700円　ISBN978-4-571-22061-6　C3011

子どもの心の健康と適応を守るための心理教育プログラム。学校での恒常的安定実施への壁とその突破口を探る。

◎価格は本体価格です。